- Os Dez Mandamentos -

A Lei
de Deus

DR. JAEROCK LEE

URIM
BOOKS

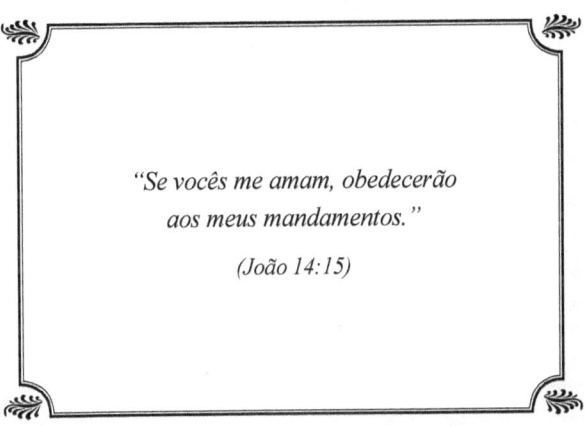

"Se vocês me amam, obedecerão aos meus mandamentos."

(João 14:15)

A Lei de Deus escrito por Dr. Jaerock Lee
Publicado pela Livros Urim (Representante: Seongkeon Vin)
361-66, Shindaebang-Dong, Dongjak-Gu, Seul, Coréia
www.urimbooks.com

A menos que se tenha feito observação específica, todas as citações das Escrituras foram retiradas da Bíblia Sagrada, Nova Versão Internacional (NVI) ®, Copyright ©. Usado sob permissão.

Primeira Publicação em setembro de 2013

Anteriormente publicado em coreano pela Livros Urim em 2007

Editado por Dr. Geumsun Vin
Design de Editorial da Livros Urim
Impresso pela Yewon
Para mais informações, entre contato: urimbook@hotmail.com

Prefácio

No decorrer do meu ministério, deparo-me com diversas perguntas como: "Onde está Deus?", "Mostre-me Deus", ou "Como posso conhecer Deus?" As pessoas fazem esses tipos de perguntas porque não sabem como conhecer a Deus. Contudo, o caminho para isso é muito mais fácil do que pensamos. Podemos conhecer a Deus simplesmente aprendendo Seus mandamentos e obedecendo a eles. Todavia, embora muitas pessoas saibam que os mandamentos surgiram como resultado do profundo amor do Pai por nós, falham ao obedecer a eles, por não entenderem o verdadeiro significado espiritual contido em cada um.

Assim como um indivíduo necessita de uma educação adequada para preparar-se para enfrentar a sociedade, o filho de Deus também precisa da educação apropriada para enfrentar o céu. É aí que entram as leis de Deus. Essas leis ou os Seus Dez Mandamentos devem ser ensinados a todo novo filho de Deus e aplicados em toda a vida cristã. *A Lei de Deus* é sobre os mandamentos que Deus criou para nós, como uma forma de oferecer uma maneira para ficarmos mais perto Dele, sendo respondidos e estando juntos com Ele. Em outras palavras, conhecer *A Lei de Deus* é o nosso ingresso para O conhecermos.

Por volta de 1446 a.c., logo depois que os israelitas saíram do Egito, Deus queria levá-los para a terra da qual fluía leite e mel, conhecida como a Terra de Canaã. Para que isso acontecesse, os israelitas precisavam entender a vontade de Deus e o que realmente significava tornarem-se Seus filhos. É por isso que Deus amorosamente escreveu os Dez Mandamentos, que resumem consistentemente todas as Suas leis, em duas tábuas de pedra (Êxodo 24:12). Ele então entregou as tábuas a Moisés, para que ele pudesse educar os israelitas, mostrando-lhes como chegar aonde Ele queria que eles estivessem, o que era precisamente, em Sua presença, ensinando-lhes seus deveres como filhos de Deus.

Há aproximadamente trinta anos, depois que conheci o Deus vivo, vim a aprender e obedecer às Suas leis, indo à igreja e participando de qualquer avivamento que eu encontrava.

Começando por parar de beber e fumar, logo aprendi a guardar o Sábado santo, dar fielmente o dízimo, orar, etc. Em um pequeno caderno, comecei a anotar os pecados dos quais não conseguia me livrar facilmente. Então, eu orava e jejuava, pedia a Deus para me ajudar a obedecer aos Seus mandamentos, e a bênção que recebi como resultado foi incrível!

Primeiro, Deus abençoou nossa família fisicamente, para que nenhum de nós adoecesse. Depois, Deus abençoou abundantemente as nossas finanças, de modo que passamos a poder ajudar os necessitados. Por último, Ele derramou muitas bênçãos espirituais sobre mim, para que eu pudesse liderar um ministério global, focado no evangelismo e missões mundiais.

Se você aprende os mandamentos de Deus e obedece a eles, você não apenas será próspero em todas as áreas da sua vida, mas também poderá ver uma glória tão brilhante como o sol ao entrar em Seu reino eterno.

A Lei de Deus é uma compilação da série de sermões, baseada em Sua palavra, e a inspiração sobre "Os Dez Mandamentos" que recebi, enquanto jejuava e orava antes de começar meu ministério. Através dessas mensagens, muitos crentes vieram a entender o amor de Deus, começaram a viver uma vida de obediência aos Seus mandamentos e, por isso, prosperaram espiritualmente e em todas as áreas de suas vidas. Além disso, vários crentes experimentaram receber resposta a toda oração que fizeram e, mais importante, vieram a ter maior esperança pelo céu.

Assim, se você entende o significado espiritual dos Dez Mandamentos que são discutidos neste livro, e compreende o profundo amor de Deus ao nos dar os Dez Mandamentos, decidindo viver em obediência a eles, posso garantir que você receberá bênçãos maravilhosas do Senhor. Deuteronômio 28:1-2 diz que você será abençoado o tempo todo: *"Se vocês obedecerem fielmente ao SENHOR, o seu Deus, e seguirem cuidadosamente todos os seus mandamentos que hoje lhes dou, o SENHOR, o seu Deus, os colocará muito acima de todas as nações da terra. Todas estas bênçãos virão sobre vocês e os acompanharão, se vocês obedecerem ao SENHOR, o seu Deus."*

Gostaria de agradecer à Geumsun Vin, Diretora do Editorial da Livros Urim, e a sua equipe por sua incomparável dedicação e contribuição, para que essa obra acontecesse. Também oro, em nome do nosso Senhor, para que todos aqueles que lerem este livro possam vir a entender facilmente as leis de Deus e obedecer aos Seus mandamentos, para que se tornem mais amados e, portanto, os mais abençoados filhos de Deus!

Jaerock Lee

Introdução

Damos toda glória ao Pai por nos permitir fazer deste livro, *A Lei de Deus*, um estudo dos Dez Mandamentos, os quais contêm o coração e a vontade de Deus.

Primeiramente, "O Amor de Deus Contido nos Dez Mandamentos" fornece todo o pano de fundo necessário ao leitor sobre os Dez Mandamentos e responde à questão: "O que exatamente são os Dez Mandamentos?" Esse Capítulo também explica que Deus nos deu os Dez Mandamentos porque Ele nos ama e quer muito nos abençoar. Assim, quando obedecemos a cada mandamento, com o poder do amor de Deus, podemos receber todas as bênçãos que Ele tem guardado para nós.

Em "O Primeiro Mandamento", aprendemos que, se a pessoa ama a Deus, ela pode facilmente obedecer aos Seus mandamentos. Esse capítulo também responde por que Deus nos ordena para não termos outros deuses além Dele, como o primeiro mandamento.

"O Segundo Mandamento" cobre a importância de nunca idolatrarmos falsos ídolos—ou em um sentido espiritual—ter qualquer coisa a qual amemos mais do que a Deus. Aqui, também aprendemos sobre as consequências espirituais de quando adoramos ou não a falsos ídolos, assim como as bênçãos e maldições específicas que vêm para a nossa vida, como resultado da nossa atitude.

O capítulo sobre "O Terceiro Mandamento" explica o que significa tomar o nome do SENHOR em vão, e o que fazer para evitar cometer esse pecado.

Em "O Quarto Mandamento", podemos aprender o verdadeiro significado do "Sábado" e por que o Sábado mudou de sábado para domingo, indo do Velho para o Novo Testamento. Esse capítulo também explica exatamente como a pessoa deve guardar o Sábado santo, principalmente em três aspectos diferentes; e também descreve as condições em que exceções a esse mandamento podem se aplicar—quando transações comerciais no dia do Sábado podem ser permitidas.

"O Quinto Mandamento" explica detalhadamente como a

pessoa deve honrar seus pais de maneira temente a Deus. Também aprendemos o que significa honrar a Deus, quem é o Pai dos espíritos e quais as bênçãos que recebemos quando honramos a Ele e aos nossos pais físicos em Sua verdade.

O capítulo sobre "O Sexto Mandamento" consiste de duas partes: a primeira foca no pecado de se cometer o assassinato físico, e a segunda é uma explicação espiritual sobre o que é cometer o pecado do assassinato no coração de alguém, do qual muitos crentes podem ser culpados, mas raramente se dão conta do que estão fazendo.

"O Sétimo Mandamento" fala sobre o pecado de se cometer adultério fisicamente e o pecado de se cometer adultério na mente ou no coração, que é, na verdade, mais assustador. Esse capítulo também decorre sobre o impacto desse tipo de pecado na vida de quem o comete, e o processo de jejum e oração através dos quais a pessoa pode se ver livre dele com a ajuda do Espírito Santo e pela graça e poder de Deus.

"O Oitavo Mandamento" dá a definição física e espiritual de roubar e explica especificamente como uma pessoa pode cometer o pecado de roubar a Deus, ao deixar de dar seus dízimos e ofertas, ou mesmo quando utilizar mal a palavra de

Deus.

"O Novo Mandamento" lida com os três tipos diferentes de dar o falso testemunho, ou mentir. O capítulo também enfatiza como a pessoa pode arrancar a raiz do engano do seu coração, ao enchê-lo com a verdade.

"O Décimo Mandamento" dá exemplos de circunstâncias em que podemos pecar como resultado de cobiçar as coisas do nosso próximo. Podemos também aprender aqui que a verdadeira bênção é quando nossa alma prospera, pois, quando ela prospera recebemos a bênção de ser prósperos em todas as áreas da nossa vida.

Finalmente, no último capítulo, "A Lei de Submeter-se a Deus", ao estudarmos o ministério de Jesus Cristo, que cumpriu a Lei com amor, aprendemos que devemos ter amor para que cumpramos a palavra de Deus. Além disso, também aprendemos sobre o tipo de amor que se estende para além da justiça.

Espero que este livro ajude a você, leitor, a entender claramente o significado espiritual dos Dez Mandamentos. E ao obedecer aos mandamentos do SENHOR, que você possa sempre estar na linda luz de Deus. Também oro, em nome do nosso Senhor, que enquanto você cumpre Suas leis, você possa ir para o lugar de sua vida espiritual em que todas suas orações sejam respondidas e Suas bênçãos sejam transbordantes em todas as áreas de sua vida!

Geumsun Vin
Diretora de Editorial

Conteúdo

Capítulo 1

O Amor de Deus Contido nos Dez Mandamentos

Êxodo 20:5-6

"Não te prostrarás diante deles nem lhes prestarás culto, porque eu, o SENHOR, o teu Deus, sou Deus zeloso, que castigo os filhos pelos pecados de seus pais até a terceira e quarta geração daqueles que me desprezam, mas trato com bondade até mil gerações aos que me amam e obedecem aos meus mandamentos."

Há quatro mil anos, Deus escolheu Abraão como o pai fé. Ele o abençoou e fez uma aliança com ele, prometendo-lhe descendentes "tão numerosos como as estrelas do céu e a areia do mar." Em Seu tempo, Deus formou fielmente a nação de Israel através dos doze filhos do neto de Abraão, Jacó. Debaixo da provisão de Deus, Jacó e seus filhos foram para o Egito, fugindo da fome e ali viveram por 400 anos. Isso tudo era parte do amoroso plano de Deus para protegê-los da invasão das nações gentias, até que eles pudessem vir a ser uma nação mais forte e maior.

A família de Jacó consistia em setenta pessoas quando eles foram para o Egito pela primeira vez e cresceu para um número grande o suficiente para formar uma nação. E com o fortalecimento dessa nação, Deus escolheu um indivíduo de nome Moisés para ser o líder dos israelitas. Então Deus prometeu a esse povo a Terra Prometida de Canaã, a terra da qual fluíam leite e mel.

Os Dez Mandamentos foram palavras de Deus, cheias de amor, dadas aos israelitas, enquanto iam para a Terra Prometida.

Para que os israelitas entrassem na abençoada terra de Canaã, eles tinham de ter duas qualidades: tinham de ter fé em Deus e tinham de obedecer a Ele. No entanto, sem um padrão para a sua fé e obediência, eles não podiam entender o verdadeiro significado de ter fé e ser obediente. Foi por isso que Deus lhes deu os Dez Mandamentos através de seu líder, Moisés.

Os Dez Mandamentos são uma lista de regras que estabelecem um padrão a ser seguido pelos seres humanos, mas Deus não os forçou autocraticamente a obedecer às ordenanças. Só depois de mostrar e fazer o povo experimentar Seu miraculoso poder – enviando as dez pragas ao Egito, dividindo o Mar Vermelho, transformando as águas amargas de Mara em águas doces, alimentando os israelitas com o maná e as codornizes – é que Ele lhes deu os Dez Mandamentos aos quais deveriam seguir.

O mais importante aqui é que toda a palavra de Deus, incluindo os Dez Mandamentos, não foi dada somente para os israelitas, mas a todos aqueles que creem Nele hoje, como um atalho para receber o Seu amor e bênçãos.

O Coração do Deus que Deu Os Mandamentos

Ao educar seus filhos os pais lhes ensinam inúmeras regras como: "Lave as mãos depois de brincar no quintal", ou "Sempre se cubra quando for dormir", ou "Nunca atravesse a rua, quando o sinal de pedestre estiver vermelho."

Os pais não bombardeiam seus filhos com todas essas regras para fazê-los sofrer, mas lhes ensinam todas elas, porque os amam. É um desejo natural dos pais querer proteger seus filhos de perigos e doenças, mantê-los seguros e ajudá-los a viver em paz durante toda a sua vida. É por essa mesma razão que Deus deu os dez mandamentos para nós, Seus filhos – porque Ele nos ama.

Em Êxodo 15:26, Deus diz: *"...dizendo-lhes: Se vocês derem atenção ao SENHOR, o seu Deus, e fizerem o que ele aprova, se derem ouvidos aos seus mandamentos e obedecerem a todos os seus decretos, não trarei sobre vocês nenhuma das doenças que eu trouxe sobre os egípcios, pois eu sou o SENHOR que os cura."*

Em Levítico 26:3-5, Ele diz: *"Se vocês seguirem os meus decretos e obedecerem aos meus mandamentos, e os colocarem em prática, eu lhes mandarei chuva na estação certa, e a terra dará a sua colheita e as árvores do campo darão o seu fruto. A debulha prosseguirá até a colheita das uvas, e a colheita das uvas prosseguirá até a época da plantação, e vocês comerão até ficarem satisfeitos e viverão em segurança em sua terra."*

Deus nos deu os mandamentos, para que possamos saber como conhecê-Lo, receber Suas bênçãos e respostas às nossas orações, e viver em paz e alegria.

Outra razão pela qual precisamos obedecer às leis de Deus, incluindo os Dez Mandamentos, é por causa das justas leis do mundo espiritual. Assim como toda nação tem suas próprias leis, o reino de Deus tem leis espirituais que foram estabelecidas por Ele. Embora Deus tenha criado o universo e Ele seja o Criador com controle absoluto sobre a vida, a morte, bênçãos e maldições, Ele não é um totalitarista. É por isso que mesmo Ele, sendo o Criador das leis, Ele Próprio as segue e cumpre.

Assim, como seguimos as leis do país do qual somos cidadãos, quando aceitamos Jesus Cristo como o nosso Salvador, nos tornamos filhos de Deus e, portanto, cidadãos do Seu reino. Logo, devemos obedecer a todas as leis do reino de Deus em justiça.

Em 1 Reis 2:3 está escrito: *"Obedeça ao que o SENHOR, o seu Deus, exige: ande nos seus caminhos e obedeça aos seus decretos, aos seus mandamentos, às suas ordenanças e aos seus testemunhos, conforme se acham escritos na Lei de Moisés; assim você prosperará em tudo o que fizer e por onde quer que for."*

Seguir as leis de Deus significa obedecer àquilo que Ele diz, incluindo os Dez Mandamentos, que estão registrados na Bíblia. Quando você segue Suas leis, você pode receber as Suas bênçãos e proteção, e prospera aonde quer que vá.

Por outro lado, quando você descumpre as leis de Deus, o inimigo passa a ter o direito de trazer tentações e dificuldades sobre você, e Deus não pode protegê-lo. Descumprir as ordenanças de Deus é pecar e, portanto, é se tornar escravo do pecado e de Satanás – que no fim poderá acabar levando-o para o inferno.

Deus Quer Nos Abençoar

Assim, a razão principal de Deus ter-nos dado os Dez Mandamentos é porque Ele nos ama e quer nos abençoar. Ele não apenas quer que experimentemos as bênçãos eternas do céu, mas também que recebamos Suas bênçãos na terra, sendo prósperos em tudo o que fizermos aqui. Quando nos damos conta desse amor de Deus, é inevitável que fiquemos gratos por Ele ter-nos dado os mandamentos e lhes obedeçamos com alegria.

Podemos ver que filhos, ao perceberem verdadeiramente o tanto que seus pais os amam, passam a fazer de tudo para obedecer-lhes. Ainda que alguma vez lhes desobedeçam e sejam indisciplinados, por entenderem que seus pais estão disciplinando-os por amor, eles podem dizer: "Papai/Mamãe, vou tentar ser melhor da próxima vez" e, cheios de amor, correr para seus braços. Depois, à medida que eles amadurecem e têm maior entendimento do amor dos seus pais por eles, os filhos seguem os seus ensinamentos para alegrá-los.

O amor verdadeiro dos pais é o que dá a esses filhos o poder para obedecer. E assim também é conosco, seguindo todas as palavras da Bíblia. As pessoas fazem de tudo para seguir os mandamentos, quando entendem que Deus nos ama tanto que enviou o Seu único Filho, Jesus Cristo, para morrer na cruz por nós.

De fato, quanto maior a fé que temos no fato de que esse Jesus

Cristo, que não tinha nenhum pecado, tomou sobre Si todo tipo de perseguição ao morrer na cruz pelos nossos pecados, maior alegria teremos ao obedecer aos mandamentos.

As Bênçãos Que Recebemos, ao Seguirmos os Mandamentos de Deus

Nossos pais da fé, que obedeceram a toda palavra de Deus e viveram segundo os Seus mandamentos, receberam grandes bênçãos e glorificaram o Pai com seus corações. Hoje, eles fazem brilhar sobre nós a eterna luz da verdade, que nunca se apaga.

Abraão, Daniel e o apóstolo Paulo são algumas dessas pessoas de fé; e até hoje existem pessoas de fé que continuam fazendo o que eles fizeram.

Por exemplo, o décimo sexto presidente dos Estados Unidos, Abraham Lincoln, só tinha nove meses de educação escolar, mas por causa do seu caráter digno de louvor e virtudes, ele é amado e respeitado por muitos hoje. A mãe de Abraham, Nancy Hanks Lincoln, faleceu quando ele tinha apenas nove anos de idade, mas enquanto ela estava viva, ela o ensinou a memorizar versículos curtos da Bíblia e a obedecer aos mandamentos de Deus.

E quando ela soube que ia morrer, ela chamou seu filho e lhe falou suas últimas palavras: "Quero que você ame a Deus e obedeça aos Seus mandamentos." Enquanto Abraham Lincoln amadurecia, tornava-se um famoso político, mudando a história com seu movimento contra a escravidão. Os sessenta e seis livros da Bíblia estavam ao seu lado. Para pessoas como Lincoln, que ficam perto de Deus e seguem Seus mandamentos, Deus sempre lhes dá provas do Seu amor.

Pouco tempo depois que abri nossa igreja, fiz uma visita a um casal já com muitos anos de casamento, mas que não podia ter filhos. Com a direção do Espírito Santo, adorei a Deus e abençoei o casal. Então fiz um pedido. Pedi que mantivessem o Sábado santo adorando a Deus todo domingo, dizimassem e obedecessem aos Dez Mandamentos.

Esse casal recém-convertido começou a frequentar todos os cultos de domingo e dar os dízimos, segundo as ordenanças de Deus. Como resultado, eles foram abençoados de forma a conceber um bebê saudável. Não somente isso, mas também receberam grandes bênçãos financeiras. Hoje, o marido serve à igreja como ancião e a família toda dá grande apoio na assistência e evangelismo.

Seguir as ordenanças de Deus é como segurar uma lâmpada em meio à completa escuridão. Quando temos uma brilhante luz, não precisamos ficar com medo de tropeçar em algo no escuro. Da mesma forma, quando Deus, que é luz, está conosco, Ele nos protege em todas as circunstâncias, e nós somos capazes de desfrutar das bênçãos e autoridade reservadas a todo filho de Deus.

A Chave para Recebermos Tudo Aquilo que Pedirmos

Em 1 João 3:21-22 lemos: *"Amados, se o nosso coração não nos condenar, temos confiança diante de Deus e recebemos dele tudo o que pedimos, porque obedecemos aos seus mandamentos e fazemos o que lhe agrada."*

Não é maravilhoso saber que simplesmente ao obedecermos aos mandamentos escritos na Bíblia e fazermos aquilo que agrada a Deus, podemos pedir corajosamente qualquer coisa que Ele nos dará? Como Deus deve ficar feliz ao observar, com Seus olhos de fogo, Seus filhos obedientes e poder responder todas as suas orações, segundo as leis do mundo espiritual!

É por isso que os Dez Mandamentos de Deus são como um manual de amor que nos ensina a melhor maneira de recebermos as bênçãos de Deus, enquanto somos cultivados nessa terra. Os Dez Mandamentos nos ensinam como podemos evitar calamidades ou desastres e como podemos ser abençoados.

Deus não nos deu os mandamentos para punir aqueles que não lhes obedecem, mas para que desfrutemos das bênçãos eternas do Seu reino por obedecermos a eles (1 Timóteo 2:4). Quando você sentir e entender o coração de Deus e viver seguindo as Suas ordenanças, você poderá receber ainda mais do Seu amor.

Além do mais, ao estudar mais profundamente os mandamentos e obedecer a eles completamente, com a força que Deus lhe der, você poderá receber todas as bênçãos que quiser.

Capítulo 2
O Primeiro Mandamento

"Não Terás Outros Deuses Além de Mim"

Êxodo 20:1-3

E Deus falou todas essas palavras:

"Eu sou o SENHOR, o teu Deus, que te tirou do Egito, da terra da escravidão. Não terás outros deuses além de mim."

Duas pessoas que se amam se alegram só de estarem juntas. Elas podem estar juntas no meio do inverno que não sentem frio; e fazem o que a outra pede para fazer, mesmo que seja algo difícil, pois querem a felicidade da outra pessoa. Ainda que tenham de se sacrificar pelo outro, se alegram com o fato de poderem fazer algo pela outra pessoa. Elas se alegram quando veem alegria no rosto da pessoa amada.

Isso é como o amor de Deus. Se O amarmos verdadeiramente, obedecer aos Seus mandamentos não será um fardo, mas sim, nos trará alegria.

Os Dez Mandamentos aos quais os Filhos de Deus Devem Obedecer

Hoje, algumas pessoas que se dizem crentes falam: "Como podemos obedecer a todos os Dez Mandamentos de Deus?" Elas estão basicamente dizendo que, como as pessoas não são perfeitas, não têm como obedecer aos Dez Mandamentos completamente. Podemos apenas tentar obedecer a todos eles.

Contudo, 1 João 5:3 diz: *"Porque nisto consiste o amor a Deus: em obedecer aos seus mandamentos. E os seus mandamentos não são pesados."* Isso quer dizer que a prova de que amamos a Deus é a nossa obediência aos Seus mandamentos, que, por sinal, não são pesados o bastante para não obedecermos a eles.

Nos tempos do Velho Testamento, as pessoas tinham de obedecer aos mandamentos com sua própria vontade e força, mas hoje, nos tempos do Novo Testamento, qualquer que aceita Jesus Cristo como seu Salvador recebe o Espírito Santo, que o ajuda a obedecer.

O Espírito Santo é um com Deus e, como o coração de Deus, o Espírito Santo tem a função de ajudar os Seus filhos. É por isso que o Espírito intercede por nós, nos conforta, guia nossas ações e derrama o amor de Deus sobre nós, para que possamos lutar contra o pecado, até mesmo a ponto de derramar sangue, e agir de acordo com a vontade do Pai (Atos 9:31, 20:28; Romanos 5:5, 8:26).

Quando recebemos essa força do Espírito Santo, podemos entender profundamente o amor de Deus, que nos deu Seu único Filho, podendo então obedecer facilmente àquilo que não conseguimos obedecer com nossa própria força ou vontade. Existem pessoas que ainda dizem que é difícil obedecer às ordenanças de Deus e sequer tentam fazê-lo. Elas continuam vivendo no meio do pecado. Essas pessoas não amam a Deus do fundo de seus corações.

Em 1 João 1:6 lemos: *"Se afirmarmos que temos comunhão com ele, mas andamos nas trevas, mentimos e não praticamos a verdade"* e em 1 João 2:4, lemos: *"Aquele que diz: "Eu o* conheço", mas não obedece aos seus mandamentos, é mentiroso, e a verdade não está nele." Se a palavra de Deus, que é a verdade e a semente da vida, está em alguém, esse alguém não pode pecar. Ele será levado a viver uma vida na verdade. Assim, se uma pessoa diz acreditar em Deus, mas não obedece aos Seus mandamentos, quer dizer que a verdade não está realmente nela e ela está mentindo perante Ele.

Então, qual é o primeiro dos mandamentos a que os filhos de Deus precisam obedecer, que prova seu amor por Ele?

"Tu Não Terás Outros Deuses Além de Mim"

O "Tu" aqui está se referindo a Moisés, que recebeu os Dez Mandamentos diretamente de Deus, aos israelitas, que receberam os mandamentos através de Moisés, e a todos os filhos de Deus hoje, que são salvos pelo nome do Senhor. Por que você acha que Deus fala para Seu povo não ter outros deuses além Dele, como o primeiro mandamento de todos?

É porque Deus é que é o único, verdadeiro e vivo Deus, o onipotente Criador do universo. Além do mais, só Deus tem supremo controle sobre o universo, a história da humanidade, a vida e a morte. Só Ele dá a verdadeira e eterna vida ao homem.

Deus é Aquele que nos salvou da nossa escravidão do pecado nesse mundo. É por isso que não devemos ter outros deuses além

Dele em nossos corações.

Mas muitas pessoas tolas se distanciam de Deus e gastam suas vidas adorando a muitos falsos ídolos. Algumas adoram a imagem de Buda, que não pode sequer piscar, outras adoram a pedras, outras a árvores antigas, e outras enfrentam até o Polo Norte para adorá-lo. Algumas pessoas adoram a natureza e clamam pelos nomes de diversos deuses falsos, transformando mortos em ídolos. Toda raça e toda nação têm seus próprios ídolos. Só no Japão eles dizem que os ídolos são tantos que chegam a oito milhões de deuses diferentes.

Então, por que as pessoas criam esses falsos ídolos e os adoram? É porque elas estão procurando uma forma de se confortar, ou simplesmente seguindo as tradições de seus ancestrais, que por sinal são erradas aos olhos de Deus. Outro motivo pode ser também um desejo egoísta por mais bênçãos ou mais fortunas ao adorar diferentes deuses.

Mas, uma coisa que devemos deixar claro é que nenhum outro deus, que não o Criador, tem o poder de nos abençoar ou muito menos nos salvar.

Evidências do Deus Criador na Natureza

Em Romanos 1:20 está escrito: *"Pois desde a criação do mundo os atributos invisíveis de Deus, seu eterno poder e sua natureza divina têm sido vistos claramente, sendo compreendidos por meio das coisas criadas, de forma que tais homens são indesculpáveis."* Se olharmos para os princípios do universo, poderemos ver que um Criador absoluto existe e que há um só Deus Criador.

Por exemplo, quando olhamos para a raça humana nessa terra, todos os corpos das pessoas têm a mesma estrutura e função. Quer sejam negras ou brancas, independentemente de sua raça ou país, todas têm dois olhos, duas orelhas, um nariz e uma boca – localizados todos mais ou menos nos mesmos lugares do rosto. E assim acontece com os animais também.

Elefantes são animais com longos "narizes." Mas note como eles têm um longo "nariz" e duas narinas. Coelhos, com longas orelhas, e ferozes leões também têm o mesmo número de olhos, boca e orelhas – localizados nas mesmas áreas que os das pessoas. Inúmeros seres vivos como animais, peixes, aves e até insetos – com exceção das características especiais que diferenciam uns dos outros – têm a mesma estrutura corporal e função. Isso prova que existe um criador.

Fenômenos naturais também provam claramente a existência do Deus Criador. Uma vez por dia, a terra faz uma rotação completa em torno do seu próprio eixo, uma vez por ano, ela completa uma volta ao redor do sol, e uma vez por mês a lua gira e revolve ao redor da terra. Devido a essas rotações e translações podemos experimentar muitas ocorrências naturais que acontecem regularmente. Temos a noite e o dia, e as quatro estações. Temos a maré alta e a maré baixa, e devido a mudanças térmicas, experimentamos a circulação atmosférica.

A localização e movimento da terra fazem do nosso planeta um habitat perfeito para a sobrevivência do ser humano e todos os outros seres vivos. A distância entre o sol e a terra não podia ser maior nem menor e sempre foi a mais perfeita desde o princípio dos tempos, com a rotação e translação ao redor do sol ocorrendo sem uma fração de erro sequer por um longo período de tempo.

Uma vez que o universo foi criado por Deus e opera sob Sua sabedoria, coisas inimagináveis que o homem jamais poderá entender completamente acontecem todos os dias.

Com todas essas evidências, ninguém pode dar a desculpa no dia do julgamento dizendo: "Não cri porque não sabia se Deus realmente existia."

Um dia, o Sr. Isaac Newton pediu a um mecânico experiente que construísse um modelo sofisticado do sistema solar. Mais tarde um ateu amigo de Newton foi visitá-lo e viu aquele sistema. Sem pensar muito, ele girou a manivela e uma coisa realmente incrível aconteceu. Cada planeta do modelo começou a girar em volta do sol com diferentes velocidades!

O amigo não conseguiu esconder seu entusiasmo e disse empolgado: "Esse modelo é excelente! Quem fez?" Como você acha que Newton respondeu? Ele disse: "Oh, ninguém. Isso tudo aconteceu e ficou desse jeito por um acaso."

O amigo sentiu como se Newton estivesse tirando sarro dele e replicou: "O quê?! Você acha que eu sou bobo? Como é que um modelo intrigante como esse pode aparecer do nada?"

Diante disso, Newton respondeu: "É só um pequeno modelo do real sistema solar. Você está dizendo que nem um simples modelo como este pode simplesmente surgir sem um criador ou alguém para arquitetá-lo. Então, como você explicaria a alguém que acredita no verdadeiro sistema solar, muito mais vasto e complexo, que ele veio do nada, sem um criador?"

Isso é o que Newton escreveu em seu livro: *Philosophiæ Naturalis Principia Mathematica*, que quer dizer: "Princípios Matemáticos da Filosofia Natural", também conhecido como Principia: "O mais lindo sistema do sol, planetas e cometas só podia vir de um Ser inteligente e poderoso. ... Ele [Deus] é eterno e infinito."

É por isso que um grande número de cientistas que estuda as

leis da natureza é cristão. Quanto mais eles estudam a natureza e o universo, mais conhecem sobre o incomparável poder de Deus.

Além do mais, através de milagres e sinais que acontecem e aparecem para os que creem, dos servos e obreiros de Deus, amados e reconhecidos por Ele, e da história do homem cumprindo as profecias da Bíblia, Deus nos dá diversas evidências para que acreditemos Nele, o Deus vivo.

Pessoas que Reconheceram o Deus Criador sem Ouvir o Evangelho

Se olhar para a história da humanidade, você poderá ver que pessoas com bons corações, que nunca ouviram o evangelho, reconheceram o único e verdadeiro Deus Criador e tentaram viver em justiça.

Aqueles, cujos corações são impuros ou confusos, sempre adoraram diversos deuses diferentes, tentando confortar a si mesmos. Por outro lado, aqueles com corações justos e limpos sempre só adoraram e serviram a um Deus, o Criador, apesar de não conhecerem sobre Ele.

Por exemplo, o Almirante Soonshin Yi, que viveu durante a Dinastia Chosun na Coreia, serviu seu país, o Rei e seu povo com toda a sua vida. Ele honrou seus pais e, durante toda a vida, nunca tentou buscar seu próprio benefício, mas se sacrificou por outros. Embora ele não conhecesse sobre Deus e nosso Senhor Jesus, ele não adorava a xamãs, demônios ou espíritos malignos, mas com uma consciência boa, só olhava em direção aos céus e cria em um criador.

Essas pessoas boas nunca conheceram a palavra de Deus, mas você pode ver que elas sempre tentaram ter vidas limpas e cheias de verdade. Deus abriu um caminho para que esse tipo de pessoa também fosse salvo – algo chamado "o Julgamento da Consciência." Essa é a forma de Deus dar a salvação às pessoas dos tempos do Velho Testamento ou depois do tempo de Jesus Cristo, que nunca tiveram a chance de ouvir o evangelho.

Em Romanos 2:14-15 está escrito: *"(De fato, quando os gentios, que não têm a Lei, praticam naturalmente o que ela ordena, tornam-se lei para si mesmos, embora não possuam a Lei; pois mostram que as exigências da Lei estão gravadas em seu coração. Disso dão testemunho também a sua consciência e os pensamentos deles, ora acusando-os, ora defendendo-os.)"*

Quando as pessoas com uma boa consciência ouvem o evangelho, elas recebem o Senhor em seus corações muito facilmente. Deus permite que essas almas fiquem temporariamente na 'Sepultura Superior', para que possam entrar no céu.

Quando a vida de uma pessoa acaba, seu espírito deixa seu

corpo físico. O espírito fica temporariamente em um local chamado "Sepultura." A Sepultura é um lugar temporário onde ela aprende a se adaptar ao mundo espiritual, antes de ir para a eternidade. Esse local é dividido em "Sepultura Superior", onde as pessoas salvas aguardam, e "Sepultura Inferior", onde almas não salvas aguardam em tormento (Gênesis 37:35; Jó 7:9; Números 16:33; Lucas 16).

Mas em Atos 4:12 está escrito: *"Não há salvação em nenhum outro, pois, debaixo do céu não há nenhum outro nome dado aos homens pelo qual devamos ser salvos."* Assim, para assegurar que essas almas na Sepultura Superior tivessem a chance de ouvir o evangelho, Jesus foi lá e o compartilhou com elas.

As Escrituras provam esse fato. Em 1 Pedro 3:18-19 lemos: *"Pois também Cristo sofreu pelos pecados uma vez por todas, o justo pelos injustos, para conduzir-nos a Deus. Ele foi morto no corpo, mas vivificado pelo Espírito, no qual também foi e pregou aos espíritos em prisão."* Essas "boas" almas na Sepultura Superior reconheceram Jesus, receberam o evangelho e foram salvas.

Assim, para as pessoas que viveram com uma boa consciência e creram em apenas um Criador, quer nos tempos do Velho Testamento ou depois que Jesus veio, mas nunca ouviram falar do evangelho ou das leis, o Deus da justiça olhou para o fundo de seus corações e abriu a porta da salvação para elas.

Por Que Deus Ordenou que Seu Povo Nunca Tivesse Outros Deuses Além Dele

De vez em quando, não crentes dizem: "O Cristianismo requer que as pessoas acreditem somente em Deus. Isso não faz a religião inflexível ou exclusiva demais?"

Existem também pessoas que se dizem crentes, mas dependem da leitura das suas mãos, feitiçaria, encantos e talismãs.

Deus nos disse especificamente para não cedermos nessa área. Ele disse: "Não terás outros deuses além de mim." Isso significa que jamais devemos nos associar ou abençoar falsos ídolos ou qualquer das criações de Deus. Jamais devemos colocá-los como iguais a Deus de forma alguma.

Só existe um Criador, que criou a nós, e só Ele pode nos abençoar e nos dar vida. Os falsos deuses e ídolos que as pessoas adoram são, no fim das contas, do diabo. Eles se levantam em hostilidade contra Deus.

O diabo tenta confundir as pessoas, desviando-as de Deus. Ao adorarem coisas que são falsas, elas acabam adorando a Satanás e andando em direção ao seu próprio abismo.

É por isso que as pessoas que dizem crer em Deus, mas ainda assim adoram a falsos ídolos em seus corações, estão sujeitas ao inimigo. Por essa razão, elas continuam experimentando a dor e o sofrimento com doenças, enfermidades e tribulações.

Deus é amor, e Ele não quer que o Seu povo adore a falsos ídolos e caminhem em direção à morte. É por isso que Ele ordena que não tenhamos outros deuses além Dele. Ao adorarmos somente a Ele podemos ter a vida eterna e receber bênçãos abundantes, enquanto vivemos nessa terra.

Definitivamente Somos Abençoados ao Dependermos Apenas de Deus

Em 1 Crônicas 16:26 está escrito: *"Pois todos os deuses das nações não passam de ídolos, mas o SENHOR fez os céus."* Se Deus nunca tivesse dito: "Não terás outros deuses além de mim", pessoas indecisas, ou até mesmo alguns crentes poderiam acabar adorando a falsos ídolos sem perceber, andando em direção à morte eterna.

Podemos ver isso na própria história dos israelitas. Os israelitas, entre todos os outros povos, aprenderam sobre o único Criador do universo e experimentaram Seu poder inúmeras vezes. Mas, com o passar do tempo, eles se distanciaram de Deus e começaram a adorar a falsos ídolos e deuses.

Eles acharam graça nos ídolos dos gentios e começaram a adorá-los, mesmo andando lado a lado com Deus. Como resultado, experimentaram todos os tipos de tentação, tribulação e praga que Satanás levou sobre eles. Só quando eles não conseguiram mais suportar a dor e a dificuldade por que passavam é que se arrependeram e voltaram para Deus.

A razão de Deus, que é amor, ter-lhes perdoado de novo e, de novo, tê-los livrado de problemas, foi porque Ele não queria vê-los experimentando a morte eterna, como resultado de adorar a falsos ídolos.

Deus nos dá evidências contínuas de que Ele é o Criador, o Deus vivo, para que possamos adorar a Ele e somente a Ele. Ele nos salvou do pecado através do Seu único filho, Jesus Cristo, e nos prometeu a vida eterna, dando-nos esperança de viver eternamente no céu.

Deus nos ajuda a saber e crer que Ele é o Deus vivo, ao fazer milagres, sinais e maravilhas através do Seu povo, nos sessenta e seis livros da Bíblia e da história da humanidade.

Consequentemente, devemos adorar fielmente a Deus, o Criador do universo, que tem tudo sob Seu controle. Como Seus filhos, devemos colher os abundantes frutos que vêm, quando dependemos somente Dele.

Capítulo 3
O Segundo Mandamento

"Não Farás Para Ti Nenhum Ídolo"

Êxodo 20:4-6

"Não farás para ti nenhum ídolo, nenhuma imagem de qualquer coisa no céu, na terra, ou nas águas debaixo da terra. Não te prostrarás diante deles nem lhes prestarás culto, porque eu, o SENHOR, o teu Deus, sou Deus zeloso, que castigo os filhos pelos pecados de seus pais até a terceira e quarta geração daqueles que me desprezam, mas trato com bondade até mil gerações aos que me amam e obedecem aos meus mandamentos."

"O Senhor morreu na cruz por mim. Como eu poderia negar o Senhor por causa do medo da morte? Prefiro morrer dez vezes pelo Senhor a traí-Lo e viver por cem ou duzentos anos insignificantes. Tenho um compromisso apenas. Por favor, ajude-me a vencer o poder da morte, para que eu não exponha o meu Senhor à vergonha ao poupar a minha própria vida."

Essa é a confissão do Reverendo Ki-Chol Chu, que foi martirizado depois de recusar a se curvar a um Santuário Japonês. Sua história pode ser encontrada no livro, *More Than Conquerors: The Story of the Martyrdom of Reverend Ki-Chol Chu*. Sem ceder, mesmo diante de espadas e armas, o Reverendo Ki-Chol Chu abriu mão de sua própria vida para obedecer ao mandamento de Deus, de não se curvar a nenhum outro ídolo.

"Não Farás para Ti Nenhum Outro Ídolo"

Como cristãos, é nosso dever amar e adorar a Deus, e a Ele somente. É por isso que Deus nos deu como primeiro mandamento: "Não terás outros deuses além de mim." Então, para proibir veementemente a idolatria, Ele nos deu como segundo mandamento: "Não farás para ti nenhum outro ídolo. Não te prostrarás diante deles nem lhes prestarás culto."

A princípio, você pode pensar que o primeiro mandamento e

o segundo são os mesmos. Contudo, eles são dois mandamentos diferentes por terem significados espirituais também diferentes. O primeiro é uma advertência sobre o politeísmo e nos fala para adorar, amar somente ao único e verdadeiro Deus.

O segundo mandamento é uma lição contra adorar a falsos ídolos e uma explicação sobre as bênçãos que recebemos, quando adoramos e amamos a Deus. Vamos, pois, dar uma olhada mais profunda para o significado da palavra 'ídolo'.

A Definição Física de "Ídolo"

A palavra "ídolo" pode ser explanada de duas formas; o ídolo físico e o ídolo espiritual. Primeiro, no sentido físico, um "ídolo" é uma "imagem ou objeto material criado para representar um deus que não tem uma forma física e para o qual a adoração pode ser dirigida."

Em outras palavras, um ídolo pode ser qualquer coisa: uma árvore, uma pedra, uma imagem de uma pessoa, insetos, aves, criaturas do mar, o sol, a lua, as estrelas do céu ou algo criado pela imaginação humana feito de aço, prata, ouro ou qualquer outra coisa que exista, que alguém pode homenagear e adorar.

Mas um ídolo criado por um homem não pode ter vida, logo ele não pode nem responder-lhe nem abençoá-lo. Se as pessoas, que foram criadas segundo a imagem de Deus, criarem outra imagem com suas próprias mãos e a adorarem, pedindo-lhe que as abençoe, quão tolo e engraçado isso seria?

Isaías 46:6-7 diz: *"Alguns derramam ouro de suas bolsas e pesam prata na balança; contratam um ourives para transformar isso num deus, inclinam-se e o adoram. Erguem-no ao ombro e o carregam; põem-no em pé em seu lugar, e ali ele fica. Daquele local não consegue se mexer. Embora alguém o invoque, ele não responde; é incapaz de salvá-lo de seus problemas."*

As Escrituras não apenas se referem à criação de um ídolo e sua adoração, mas também a acreditar em amuletos contra a má sorte ou ritos de se prostrar diante dos mortos. Até mesmo a crença das pessoas em coisas supersticiosas e a prática de feitiçaria caem nessa categoria. As pessoas acham que amuletos expulsam a má sorte, as dificuldades da vida, mas isso não é verdade. Espiritualmente, pessoas aguçadas podem crer que espíritos das trevas, malignos, são na verdade atraídos para lugares onde há ídolos e amuletos, levando tribulações e calamidades para as pessoas que os têm. Não há nenhum outro deus além de Deus, não há nenhum outro deus que possa dar verdadeiras bênçãos para as pessoas. Os outros deuses são na verdade a fonte de calamidades e maldições.

Mas então, por que as pessoas criam ídolos e os adoram? É porque elas têm a tendência de querer se satisfazer com coisas que podem ver fisicamente.

Podemos ver essa psiquê nos israelitas ao deixarem o Egito. Quando eles clamavam a Deus com suas dores e trabalho árduo com seus 400 anos de trabalho escravo, Deus lhes deu Moisés como seu líder para seu êxodo do Egito e lhes mostrou diversos tipos de sinais e maravilhas, para que pudessem ter fé Nele.

Quando o faraó se recusou a deixá-los ir, Deus mandou as dez pragas ao Egito. E quando o Mar Vermelho bloqueou a passagem dos israelitas, Deus o dividiu. Mesmo depois de experimentar esses milagres, enquanto Moisés estava nas montanhas por quarenta dias para receber os Dez Mandamentos, seu povo ficou impaciente e criou um ídolo e o adorou. Como o servo de Deus, Moisés, não estava à sua vista, eles queriam criar algo que podiam ver para adorar. Então eles fizeram um bezerro de ouro e o chamaram de deus que os tinha dirigido até aquele momento. Eles chegaram até ao ponto de sacrificar um bezerro e a comer, beber e dançar diante dele. Esse incidente fez com que os israelitas experimentassem a grande ira de Deus.

Uma vez que Deus é espírito, as pessoas não podem vê-Lo com seus olhos naturais nem criar uma figura que O represente. É por isso que nunca devemos criar um ídolo, chamá-lo de "deus", e muito menos adorá-lo.

Deuteronômio 4:23 diz: *"Tenham o cuidado de não esquecer a aliança que o SENHOR, o seu Deus, fez com vocês; não façam para si ídolo algum com a forma de qualquer coisa que o SENHOR, o seu Deus, proibiu."* Adorar a ídolos inanimados e sem poder algum, ao invés de adorar a Deus, o Criador, faz mais mal do que bem ao homem.

Exemplos de Idolatria

Alguns cristãos podem cair na armadilha da idolatria sem perceber. Por exemplo, algumas pessoas podem se curvar a uma foto de Jesus, a uma estátua da Virgem Maria ou a qualquer outro personagem da fé.

Um grande número de pessoas pode achar que isso não é idolatria, mas é sim uma forma de adoração a ídolos – o de que Deus não gosta. Eis aqui um bom exemplo: muitas pessoas chamam a Virgem Maria de "Santa Mãe." Mas se você estudar a Bíblia, poderá ver que isso está claramente errado.

Jesus foi concebido pelo Espírito Santo, e não pelo espermatozóide e o óvulo humanos. Logo, não podemos chamar a Virgem Maria de "mãe." Por exemplo, a tecnologia de hoje permite que médicos fecundem o óvulo da mulher com o espermatozóide do homem em um aparelho de ponta que faz a inseminação artificial. Isso não quer dizer que podemos chamar essa máquina de "mãe" da criança que nascer desse processo.

Jesus, sendo em natureza o próprio Deus Pai, foi concebido pelo Espírito Santo e nascido através do corpo da Virgem Maria para que pudesse vir a esse mundo em um corpo físico. É por isso que Jesus chama a Virgem Maria de "mulher" e não "mãe" (João 2:4, 19:26). Na Bíblia, quando Maria é referida como a "mãe" do Senhor, é só porque está escrito do ponto de vista dos discípulos que escreveram a Bíblia.

Momentos antes da Sua morte, Jesus disse a João: "Aí está a sua mãe", referindo-Se à Maria (João 19:27). Aqui Jesus estava pedindo a João que tomasse conta de Maria como se ela fosse sua própria mãe. Jesus fez esse pedido porque Ele estava tentando consolar Maria, pois entendia a dor em seu coração, já que ela O servira desde o momento em que Ele havia sido concebido pelo Espírito Santo até o momento em que Ele alcançou a completa maturidade pelo poder de Deus e ficou independente dela.

Todavia, não é correto se prostrar diante de uma imagem da Virgem Maria.

Há uns dois anos, quando eu visitava um país do Oriente Médio, um indivíduo de influência me convidou para ver um tapete muito interessante, enquanto conversávamos. Era um tapete todo feito a mão, impossível de dar preço, que levara anos para ser feito; e nele estava uma figura de um Jesus negro. A partir desse exemplo, podemos ver que até a imagem de Jesus é inconsistente, e é determinada dependendo do artista ou escultor que a faz. Portanto, se nós nos prostrássemos para orar a essa imagem, estaríamos cometendo o pecado da idolatria, que é inaceitável diante de Deus.

O Que É Considerado "Ídolo" e o Que Não É

De vez em quando aparecem aqueles que são excessivamente cautelosos e discutem que a "cruz" que encontramos na igreja é um tipo de ídolo. No entanto, a cruz não o é. É um símbolo do evangelho no qual os cristãos acreditam. A razão pela qual os crentes olham para a cruz é para se lembrar do sagrado sangue de Jesus que foi derramado pelo pecado do ser humano, e a graça de Deus que nos deu o evangelho. A cruz não pode ser nem um objeto de adoração nem um ídolo.

E esse é o mesmo caso das pinturas de Jesus, segurando um cordeiro, ou *A Última Ceia,* ou qualquer outra escultura onde o artista simplesmente queria expressar o que pensava.

A pintura de Jesus segurando o cordeiro mostra que Ele é o bom pastor. O artista não fez essa pintura, para que ela se tornasse um objeto de adoração. Mas se alguém a adora ou se curva perante ela, ela se torna um ídolo.

Há casos em que as pessoas dizem: "Durante os tempos do Velho Testamento, Moisés fez um ídolo." Elas estão se referindo ao evento em que os israelitas murmuraram contra Deus e acabaram sendo mordidos por inúmeras serpentes venenosas no deserto. Quando muitos estavam morrendo ao serem mordidos pelas serpentes, Moisés fez uma serpente de ouro e a colocou em um lugar alto. Aqueles, que obedeceram à palavra de Deus e olharam para ela, viveram, e aqueles que não o fizeram, morreram.

Deus não disse para Moisés criar uma serpente de bronze para que o povo pudesse adorá-la. Ele queria dar a eles uma ilustração de Jesus Cristo, que um dia viria para salvá-los da maldição, sob a qual estavam, de acordo com as leis espirituais.

Aquelas pessoas que obedeceram a Deus e olharam para a serpente de bronze não pereceram por causa dos seus pecados. Semelhantemente, aquelas almas que creem que Jesus Cristo morreu na cruz por seus pecados e O aceitam como seu Salvador e Senhor não perecerão por causa das suas iniquidades, mas terão vida eterna.

Em 2 Reis 18:4 vemos que enquanto o décimo sexto rei de Judá, Ezequias, destruía todos os ídolos de Israel, ele também *"despedaçou a serpente de bronze que Moisés havia feito, pois até aquela época os israelitas lhe queimavam incenso. Era chamada Neustã."* Isso lembra as pessoas mais uma vez que, mesmo que a serpente de bronze tenha sido criada pela ordem de Deus, ela jamais deveria se tornar um objeto de idolatria, pois essa não era a intenção Dele.

O Significado Espiritual de "Ídolo"

Além de entender a palavra "ídolo" no sentido físico, também devemos entendê-la no sentido espiritual. A definição espiritual de "idolatria" é "tudo que alguém ama mais do que a Deus." A idolatria não está limitada apenas a se curvar perante uma imagem de Buda ou a ancestrais falecidos.

Se por causa do nosso próprio desejo egoísta amamos nossos pais, marido, mulher ou até mesmo filhos mais do que a Deus, espiritualmente, estamos transformando essas pessoas em "ídolos." E se pensamos alto demais a respeito de nós e nos amamos a nós mesmos exageradamente, estamos nos transformando em ídolos.

É claro, entretanto, que isso não quer dizer que devemos amar somente a Deus e mais ninguém. Por exemplo, Deus diz a Seus filhos que é seu dever amar seus pais na verdade. Ele também os ordena: "honra teu pai e tua mãe." No entanto, se amar os pais nos faz desviar da verdade, então estamos amando-os mais do que a Deus e, portanto, transformando-os em "ídolos."

Embora nossos pais tenham sido responsáveis pelos nossos corpos físicos, uma vez que foi Deus quem criou o óvulo e o espermatozóide, ou as sementes da vida, é Ele quem é o Pai dos nossos espíritos. Suponha que um casal de pais não-cristãos não concorde que seu filho vá à igreja aos domingos. Se o filho, que é um cristão, não for à igreja domingo para agradar a seus pais, então ele ama mais a eles do que a Deus. Isso não apenas entristece o coração de Deus, mas também mostra que esse filho não ama seus pais de verdade.

Se você verdadeiramente ama alguém, você vai querer que essa pessoa seja salva e tenha a vida eterna. Esse é o verdadeiro amor. Assim, em primeiro e mais importante lugar, você deve manter santo o Dia do Senhor, e também deve orar por seus pais e compartilhar o evangelho com eles o quanto antes possível. Só assim poderá dizer que você os ama e honra verdadeiramente.

E vice-versa. Como pai ou mãe, se você realmente ama seu filho, você primeiro deve amar a Deus para depois amar seu filho dentro do amor Dele. Não importa o quão precioso seu filho seja para você, você não pode protegê-lo do inimigo com seu limitado poder humano. Você não pode nem protegê-lo de acidentes repentinos, nem curá-los de uma doença desconhecida à medicina moderna.

Mas quando os pais adoram a Deus e confiam seus filhos às mãos Dele, amando-os dentro do Seu amor, Ele então os protege. Deus não apenas lhes dá força física e espiritual, mas também os abençoa para que sejam prósperos em todas as áreas de suas vidas.

E é o mesmo no caso do amor entre marido e mulher. Um caso que desconhece o amor verdadeiro de Deus só conseguirá amar um ao outro com amor carnal. Eles procurarão seus próprios benefícios diversas vezes e consequentemente terão frequentes discussões. Com o tempo, o amor de um pelo outro pode até mudar. Entretanto, quando um casal ama um ao outro dentro do amor de Deus, eles conseguem se amar com amor espiritual também. Nesse caso, eles não se iram, ou ficam ofensivos um com o outro, e não tentam satisfazer seus próprios desejos. Eles compartilham um amor que é sólido, verdadeiro e lindo.

Amando Algo ou Alguém Mais do que Alguém

Só quando estamos dentro do amor de Deus e amamos ao Pai primeiro, é que podemos amar com amor verdadeiro. É por isso que Deus nos diz para "amarmos a Ele em primeiro lugar", e "não termos outros deuses além Dele." Contudo, se depois de ler isso você está para dizer: "Fui à igreja e eles me disseram para amar somente a Deus e não amar os meus familiares", você está interpretando mal o significado espiritual do mandamento de Deus.

Se como um crente você descumprir os mandamentos de Deus ou ceder ao mundo, a fim de ganhar riquezas materiais, fama, conhecimento ou poder e, portanto, se afastar do caminho da verdade, você está criando um ídolo para si num sentido espiritual.

Existem também pessoas que não mantêm o Dia do Senhor santo ou não dão o dízimo por amarem mais o dinheiro do que a

Deus, mesmo com o fato de que Ele promete abençoar aqueles que dizimam.

É comum ver adolescentes pendurar fotos dos seus cantores, atores, atletas ou músicos favoritos na parede de seus quartos, fazer delas marcadores de livro ou até mesmo carregá-las consigo em seus coletes ou bolsos, a fim de manter suas estrelas prediletas próximas de seus corações. Há vezes em que esses adolescentes amam mais a essas pessoas do que a Deus.

É claro que você pode amar e respeitar atores, atrizes, atletas, etc., que são muito bons naquilo que fazem. Mas se você amar e estimar coisas do mundo a ponto de se afastar de Deus, Ele não se agrada disso. Crianças que derramam todo seu coração em algum brinquedo ou vídeo game também podem acabar fazendo dessas coisas seus "ídolos."

Os Ciúmes de Deus Proveniente do Seu Amor

Depois de nos entregar um forte mandamento contra a idolatria, Deus nos fala sobre as bênçãos para aqueles que Lhe obedecem e a repreensão para aqueles que Lhe desobedecem.

"Não te prostrarás diante deles nem lhes prestarás culto, porque eu, o SENHOR, o teu Deus, sou Deus zeloso, que castigo os filhos pelos pecados de seus pais até a terceira e quarta geração daqueles que me

desprezam, mas trato com bondade até mil gerações aos que me amam e obedecem aos meus mandamentos" (Êxodo 20:5-6).

Quando Deus diz que Ele é um "Deus zeloso", em inglês "jealous", que significa "ciumento" no versículo cinco, Ele não quer dizer que Ele tem ciúmes do jeito que as pessoas têm. Na verdade, o ciúme não pertence ao caráter de Deus. "Ciumento" aqui é para que entendamos com nossas próprias emoções humanas. Os ciúmes que as pessoas sentem são carnais, sujos e machucam os envolvidos.

Por exemplo, quando o amor do marido por sua mulher se transforma em um amor por outra mulher e a esposa começa a ter ciúmes dessa outra, uma mudança repentina que ocorre na esposa é um olhar assustador. A esposa começa a ficar cheia de ira e ódio. Ela discute com o marido e expõe seus erros para seus conhecidos, desonrando-o publicamente. Às vezes a esposa pode ir até a outra mulher e brigar com ela, ou entrar na justiça contra o esposo. Nesse caso, quando a esposa deseja algo mal ao seu marido como resultado de ciúmes, seus ciúmes não são provenientes de amor, mas sim de ódio.

Se essa mulher realmente ama seu marido com amor espiritual, ao invés de sentir ciúmes carnais, ela primeiro olha para dentro de si e se pergunta introspectivamente: "Minha vida com Deus está boa? Será que eu amei e servi meu esposo verdadeiramente?" Em vez de desonrar seu esposo, apontando seus erros para as pessoas ao seu redor, ela pede a Deus sabedoria para saber como obter fidelidade dele novamente.

Então que tipo de ciúmes Deus sente? Quando não O adoramos e não vivemos na verdade, Ele para de olhar para nós, que é quando enfrentamos tribulações, provações e enfermidades. Se isso acontece, sabendo que enfermidades vêm do pecado (João 5:14), os crentes se arrependem e tentam buscar a Deus novamente.

Como pastor, já lidei com membros da igreja que viveram isso de tempos em tempos. Por exemplo, um membro pode ser um excelente homem de negócios, cujos negócios estejam indo de vento em popa. Com a desculpa de que está ficando cada vez mais ocupado, ele perde o foco e para de orar e fazer a obra de Deus, chegando ao ponto de faltar aos cultos dominicais da igreja.

Como resultado, Deus deixa de olhar para esse executivo e os negócios que outrora estavam o maior sucesso passam a enfrentar uma crise. Só então ele se dá conta de que não está vivendo segundo as ordenanças de Deus e se arrepende. Deus prefere que seus amados filhos enfrentem uma situação difícil momentaneamente, entendam Sua vontade, sejam salvos e andem no caminho certo, a que eles caiam num abismo eterno.

Se Deus não sentisse esses ciúmes, ou zelo como diz a

tradução do português, proveniente do amor, mas observasse indiferentemente nossos erros, nós não apenas deixaríamos de perceber nossas falhas, mas também ficaríamos com corações insensíveis, pecando continuamente e acabando por cair no eterno abismo da morte eterna. Assim, os ciúmes que Deus sente vêm do verdadeiro amor – é uma expressão do Seu grande amor e desejo de nos renovar e nos guiar à vida eterna.

As Bênçãos e Maldições que Vêm da Obediência e Desobediência ao Segundo Mandamento

Deus é o nosso Criador e Pai que sacrificou o Seu único Filho, para que todas as pessoas pudessem ser salvas. Além disso, Ele é soberano sobre a vida de todos e quer abençoar aqueles que O adoram.

Não adorar a esse Deus, mas sim a falsos ídolos, é odiá-Lo. As pessoas que odeiam a Deus recebem Sua retribuição, como está escrito que os filhos serão punidos pelos pecados dos pais até a terceira e quarta gerações (Êxodo 20:5).

Ao olharmos ao nosso redor, podemos ver facilmente que famílias que adoraram a ídolos por gerações continuam a receber as consequências. As pessoas dessas famílias podem experimentar doenças malignas ou incuráveis, deformações, retardações mentais, possessões demoníacas, suicídio, problemas financeiros, ou todo tipo de outras provações. E se essas calamidades continuam até a quarta geração, a família é totalmente arruinada e o dano é irreparável.

Mas por que você acha que Deus disse que Ele puniria até a "terceira e quarta gerações" em vez de "quarta geração"? Isso mostra Sua compaixão. Ele está deixando um espaço para os descendentes se arrependerem e O buscarem, ainda que seus ancestrais tenham adorado a falsos ídolos e terem sido hostis para com Deus. Essas pessoas dão a Deus uma razão para parar com a punição contra suas famílias.

Mas para aqueles cujos ancestrais foram demasiadamente hostis para com Deus e idólatras, empilhando maldade sobre maldade, esses enfrentarão dificuldades ao tentarem aceitar o Senhor. Ainda que o façam, é como se eles estivessem presos aos seus antecedentes por uma corrente espiritual e, assim, até que tenham vitória espiritual, eles terão diversas adversidades em suas vidas espirituais. O diabo e Satanás interferirão como puderem para impedir essas pessoas de terem fé, tentando arrastá-las para a morte eterna.

Entretanto, se os descendentes, enquanto buscando a misericórdia de Deus, se arrependerem dos pecados dos seus antepassados com corações humildes e tentarem se livrar de suas naturezas pecaminosas, então não há dúvidas de que Deus os protegerá. Logo, por um lado, quando as pessoas amam a Deus e guardam os Seus mandamentos, Ele abençoa suas famílias até a 1000ª geração, permitindo que recebam Sua graça eternamente. Quando olhamos para como Deus diz que vai punir até a terceira e quarta gerações, mas abençoará até a 1000ª geração, podemos ver claramente o Seu amor por nós.

Agora, isso não significa que você automaticamente vá receber bênçãos só porque seus ancestrais foram grandes servos de Deus. Por exemplo, Deus chamou Davi de "um homem segundo o Meu coração", e prometeu abençoar seus descendentes (1 Reis 6:12). No entanto, vemos que dentre os filhos de Davi, aqueles que deram as costas para Deus não receberam as bênçãos prometidas.

Quando você olha para as crônicas dos reis israelenses, você pode ver que todos os reis que adoraram e serviram a Deus receberam as bênçãos que Deus havia prometido a Davi. Sob seu reinado, sua nação cresceu e prosperou a ponto de as nações vizinhas lhe tributarem. Contudo, os reis que deram as costas pra Deus e pecaram contra Ele passaram por muitas adversidades na vida.

Só quando a pessoa ama a Deus e tenta viver na verdade sem se manchar com a idolatria é que ela pode receber todas as bênçãos que seus ancestrais podem ter- lhe deixado preparadas.

Só quando nos despojamos de todos os ídolos físicos e espirituais, que são detestáveis a Deus, e O colocamos em primeiro lugar, é que nós também podemos receber bênçãos abundantes que Ele promete a todos os Seus servos fiéis e suas gerações futuras.

Capítulo 4
O Terceiro Mandamento

"Não Tomarás em Vão o Nome do SENHOR, o Teu Deus"

Êxodo 20:7

"Não tomarás em vão o nome do SENHOR, o teu Deus, pois o SENHOR não deixará impune quem tomar o seu nome em vão."

Ao observarmos a maneira como os israelitas registraram a Bíblia ou até mesmo faziam sua leitura, é fácil ver que eles estimavam verdadeiramente aquilo que Deus dizia.

Antes de ser inventada a impressão, as pessoas tiveram de escrever a Bíblia de próprio punho. Toda vez que a palavra "Jeová" tinha de ser escrita, a pessoa que escrevia se lavava diversas vezes e até trocava o pincel que estava usando, pois o nome era muito santo. E sempre que essa pessoa cometia um erro, ela tinha de arrancar aquela seção e reescrevê-la toda. Mas se o erro fosse cometido com a palavra "Jeová", ela recomeçava a examinar tudo completamente, desde o início.

Além disso, teve época em que, quando os israelitas liam a Bíblia, eles não liam o nome "Jeová" em voz alta, mas o substituíam por "Adonai", que significa "Meu Senhor", porque consideravam o nome de Deus santo demais para ser lido.

Como o nome "Yavé" é um nome que representa Deus, eles acreditavam que ele também era uma representação do caráter soberano e glorioso de Deus. Para eles, aquele nome fazia referência ao Criador Todo Poderoso.

"Não Tomarás em Vão o Nome do SENHOR, o Teu Deus"

Algumas pessoas nem sequer se lembram que esse

mandamento existe. Mesmo entre os crentes existem pessoas que não têm estima pelo nome de Deus e acabam utilizando-o mal.

"Utilizar mal" significa usar algo da maneira imprópria ou incorreta. Utilizar mal o nome de Deus é usar o Seu santo nome de uma forma incorreta, ou que não seja santa ou ainda que não tenha verdade.

Por exemplo, se alguém fala o que lhe está vindo à cabeça e diz que aquilo é a palavra de Deus, ou se essa pessoa age da forma que quer e fala que está agindo segundo a vontade de Deus, ela está utilizando mal o Seu nome. Usar o nome de Deus para fazer votos falsos, brincar com o nome Dele, etc., são todos exemplos de usar o nome de Deus em vão.

Outra maneira comum de as pessoas usarem o nome de Deus em vão é quando aquelas que nem sequer O buscam e se veem em uma situação complicada e com ressentimento dizem: "Deus é tão indiferente", ou "Se Deus estivesse mesmo vivo, como Ele deixaria algo assim acontecer?"

Como Deus poderia nos chamar de "sem pecado" se nós, a criação, utilizamos mal o nome do Criador, Dele, que deseja toda glória e honra? É por isso que devemos honrar a Deus e tentar viver na verdade constantemente, examinando a nós mesmos com discernimento, a fim de assegurarmos que não estamos sendo insolentes ou desrespeitosos diante de Deus.

Então, por que tomar o nome de Deus em vão é pecado?

Em Primeiro Lugar, Utilizar Mal o Nome de Deus é Sinal de que Não Acreditamos Nele.

Mesmo entre filósofos que dizem estudar o sentido da vida e a existência do universo, existem aquelas pessoas que dizem: "Deus está morto." E até mesmo algumas pessoas ordinárias dizem sem o mínimo de cautela: "Deus não existe."

Certa vez, um astronauta russo disse: "Fui para o espaço e Deus não estava em lugar nenhum para ser visto." Mas como astronauta, ele deveria saber mais do que ninguém que a área que ele explorou é apenas uma pequeníssima parte do vasto universo. Quão tolo é para um astronauta dizer que Deus, o Criador de todo o universo, não existe só porque ele não conseguiu vê-lo com seus próprios olhos, numa porção relativamente insignificante do espaço que ele visitou!

O Salmo 53:1 diz: *"Diz o tolo em seu coração: "Deus não existe!" Corromperam-se e cometeram injustiças detestáveis; não há ninguém que faça o bem."* A pessoa que olha para o universo com um coração humilde consegue descobrir uma miríade de evidências que apontam a existência do Deus Criador (Romanos 1:20).

Deus deu a todos uma chance de crer Nele. Antes de Jesus Cristo, nos tempos do Velho Testamento, Deus tocava no coração das pessoas boas, para que elas pudessem sentir o Deus vivo. Depois de Jesus Cristo, agora, nos tempos do Novo Testamento, Deus continua batendo na porta do coração das pessoas de diversas maneiras, para que elas possam conhecê-Lo.

É por isso que pessoas boas abrem seus corações, aceitam Jesus Cristo e são salvas, independente de como ouviram o evangelho. Deus permite que aqueles que O buscam com sinceridade experimentem Sua presença através de uma forte impressão em seus corações durante uma oração, visões ou sonhos espirituais.

Certa vez ouvi o testemunho de um dos nossos membros e não pude deixar de me maravilhar. Numa noite, a mãe dessa mulher, que tinha falecido de câncer no estômago, veio ao seu sonho dizendo: "Se eu tivesse encontrado o Dr. Jaerock Lee, Pastor Presidente da Igreja Central Manmin, eu teria sido curada..." essa mulher já era familiarizada com a Manmin, mas com essa experiência, toda a sua família acabou se tornando membro e seu único filho foi curado de epilepsia.

E ainda assim há pessoas que continuam negando a existência de Deus, mesmo com o fato de Ele nos mostrar Sua existência de tantas formas. Isso é porque seus corações são maus e tolos. Se essas pessoas continuarem endurecendo seus corações contra Deus, falando sem cuidado sobre Ele, sem sequer crer Nele, como poderá Ele considerá-las sem pecado?

Deus, que sabe até o número de fios de cabelo que temos,

observa todas as nossas ações com Seus olhos de fogo. Quando as pessoas creem nisso, elas jamais usam o Seu nome em vão. Algumas pessoas podem parecer crer, mas, por não crerem de todo o coração, podem tomar o nome de Deus em vão; e isso é um pecado diante Dele.

Em Segundo Lugar, Utilizar Mal o Nome de Deus é Desconsiderá-Lo

Se desconsideramos a Deus, isso significa que não o respeitamos. Se ousamos desrespeitar a Deus, o Criador, não podemos dizer que não temos pecado.

O Salmo 96:4 diz: *"Porque o SENHOR é grande e digno de todo louvor, mais temível do que todos os deuses!"* 1 Timóteo 6:16 diz: *"o único que é imortal e habita em luz inacessível, a quem ninguém viu nem pode ver. A ele sejam honra e poder para sempre. Amém."* Êxodo 33:20 diz: *"E acrescentou: 'Você não poderá ver a minha face, porque ninguém poderá ver-me e continuar vivo.'"* O Criador é tão grande e poderoso que nós, a criação, não podemos olhar para Ele sem reverência, quando bem entendermos.

É por isso que nos velhos tempos as pessoas com uma boa consciência, apesar de não conhecerem a Deus, se referiam aos céus com palavras de respeito. Por exemplo, na Coreia, as pessoas usavam a forma honrosa para falar sobre o céu ou o tempo, a fim de mostrarem respeito para com o Criador. Elas podem não ter conhecido o SENHOR Deus, mas sabiam que um poderoso Criador do universo estava enviando-lhes coisas das quais elas precisavam, como a chuva do céu. Assim, elas queriam demonstrar respeito para com Ele através das suas palavras.

A maioria das pessoas usa palavras que mostram respeito quando falam de seus pais ou de pessoas a quem verdadeiramente respeitam e não falam deles de qualquer maneira. Então, se estamos falando de Deus, o Criador do universo e Aquele que dá a vida, será que não deveríamos nos referir a Ele com as mais santas atitudes e palavras de altíssimo respeito?

Infelizmente, existem pessoas que hoje se dizem crentes, mas ainda assim não demonstram respeito por Deus, ou muito menos levam o Seu nome a sério. Essas pessoas vão, por exemplo, contar piadas usando o nome de Deus, ou usar passagens bíblicas sem cautela. Uma vez que a Bíblia diz: *"A Palavra era Deus"*, (João 1:1), se desrespeitamos a palavra da Bíblia, é como se estivéssemos desrespeitando a Deus.

Outra maneira de desrespeitar a Deus é mentir com o Seu nome. Um exemplo disso seria se uma pessoa falasse sobre algo que surgiu da sua própria cabeça e dissesse: "Essa é a voz de Deus", ou "Isso é algo guiado pelo Espírito Santo." Se considerarmos que usar o nome de uma pessoa idosa de maneira inapropriada é falta de educação ou indelicado, quanto mais o nome de Deus!

O Deus Todo Poderoso conhece o coração e os pensamentos de todas as criaturas viventes, como a palma da Sua mão. Ele sabe se suas atitudes são motivadas pelo bem ou pelo mal. Com olhos como chamas de fogo, Ele observa a vida de cada pessoa e julga cada uma segundo suas ações. Quando o indivíduo realmente acredita nisso, ele não usa o nome de Deus inapropriadamente ou comete o pecado de ser desrespeitoso para com Ele.

Outra coisa de que precisamos nos lembrar é que as pessoas que verdadeiramente amam a Deus, não apenas devem ser cautelosas ao utilizar o Seu nome, mas também ao lidar com todas as coisas relacionadas a Ele. Aquelas que realmente O amam tratam o edifício da igreja e as coisas que ela possui até melhor do que suas próprias. Elas são também muito cautelosas ao lidar com o dinheiro que pertence à igreja, independente da quantia.

Se você quebrasse um copo, um espelho ou uma janela acidentalmente, você fingiria que a coisa nunca aconteceu e a esqueceria? Por menores que as coisas sejam, aquelas que são especificamente separadas para Deus e Seu ministério jamais devem ser negligenciadas ou maltratadas.

Também devemos tomar cuidado para não julgar ou menosprezar uma pessoa de Deus, ou um evento guiado pelo Espírito Santo, pois são coisas diretamente relacionadas a Ele.

Apesar de Saul ter feito muito mal a Davi e sido uma grande ameaça para ele, Davi poupou sua vida até o fim, pela única razão de que Saul havia sido um rei ungido por Deus (1 Samuel 26:23). Semelhantemente, a pessoa que ama e respeita a Deus será bem cautelosa, quando lidando com tudo que está relacionado a Ele.

Terceiro, Utilizar Mal o Nome de Deus é Mentir com o Seu Nome

Se você olhar para o Velho Testamento, verá que existiram falsos profetas no decorrer da história de Israel. Esses falsos profetas confundiam as pessoas dando-lhes informações que afirmavam serem eles de Deus, quando, na verdade, não eram.

Em Deuteronômio 18:20, Deus nos dá uma forte advertência a respeito de pessoas assim. Ele diz: *"Mas o profeta que ousar falar em meu nome alguma coisa que não lhe ordenei, ou que falar em nome de outros deuses, terá que ser morto."* Quando alguém mente usando o nome de Deus, o castigo para sua ação é a morte.

Apocalipse 21:8 diz: *"Mas os covardes, os incrédulos, os depravados, os assassinos, os que cometem imoralidade sexual, os que praticam feitiçaria, os idólatras e todos os mentirosos — o lugar deles será no lago de fogo que arde com enxofre. Esta é a segunda morte."*

Se existe segunda morte, é porque existe uma primeira. Isso se refere a pessoas morrendo neste mundo sem crer em Deus. Essas pessoas irão para a Sepultura Inferior, onde receberão doloroso castigo por causa dos seus pecados. Por outro lado, aqueles que são salvos serão como reis por mil anos durante o Reino do Milênio na terra, encontrando o Senhor Jesus Cristo nos ares, quando Ele voltar.

Depois do Reino do Milênio, haverá o Julgamento do Grande Trono Branco, onde as pessoas serão julgadas e receberão ou recompensas ou punições espirituais, de acordo com suas ações. Nesse momento, as almas não salvas também irão ressuscitar para passar pelo julgamento, e cada uma delas irá ou para um lago de fogo ou para um de enxofre, dependendo do peso dos seus pecados. Essa então é que é chamada de segunda morte.

A Bíblia diz que todos os mentirosos experimentarão a segunda morte. Aqui, mentiroso se refere àquele que mente usando o nome de Deus; e não está limitado apenas aos falsos profetas, mas também a pessoas que fazem votos com Deus e os quebram, que é o mesmo que mentir com o Seu nome e, portanto, utilizá-lo mal. Em Levítico 19:12 Deus diz: *"Não jurem falsamente pelo meu nome, profanando assim o nome do seu Deus. Eu sou o SENHOR."*

Contudo, existem crentes que às vezes mentem usando o nome de Deus. Por exemplo, eles podem dizer: "Enquanto estava orando, ouvi a voz do Espírito Santo. Creio que foi Deus quem fez tal coisa", quando Deus na verdade não tem nada a ver com a coisa. Eles também podem ver alguma coisa acontecendo e, mesmo não tendo certeza, dizem: "Deus fez isso acontecer." Se for realmente obra de Deus, tudo bem, mas quando não é obra do Espírito Santo e eles passam a dizer habitualmente que é, então isso se torna um problema.

Obviamente, como filhos de Deus, devemos sempre ouvir a voz do Espírito e receber Sua direção. Contudo, é importante que saibamos que só pelo fato de sermos salvos filhos de Deus não significa que podemos sempre ouvir Sua voz. A pessoa pode ouvir a voz do Espírito cada vez mais claramente, à medida que está esvaziada de pecados e cheia da verdade. Assim, se ela não vive na verdade e cede ao mundo, ela não consegue ouvir Sua voz claramente.

Quando alguém está cheio de inverdade e julga coisas como a obra do Espírito Santo, ostentosa e escandalosamente segundo seu próprio modo carnal de pensar, ele não apenas está mentindo diante de outras pessoas, mas também diante de Deus. Ainda que essa pessoa ouvisse de fato a voz do Espírito, ainda assim, até que ela a ouça 100%, ela deve se esforçar para ser discreta. Portanto, devemos cuidar para sermos cautelosos ao dizer que algo é obra do Espírito Santo e devemos ouvir tais afirmações com bastante discernimento.

A mesma regra se aplica para sonhos, visões e outras

experiências espirituais. Alguns sonhos são dados por Deus, mas outros podem surgir dos fortes desejos ou preocupação da pessoa. Há sonhos ainda que podem ser obra de Satanás, e assim, jamais se pode precipitar dizendo: "Esse sonho foi dado por Deus", pois, pode ser algo inapropriado diante Dele.

Há vezes em que as pessoas culpam Deus por tribulações ou provações que são, na verdade, causadas por Satanás, como resultado de seus próprios pecados. Há também casos em que as pessoas têm o hábito de usar o nome de Deus sem o menor cuidado. Quando as coisas parecem estar do jeito delas, elas dizem: "Deus me abençoou." Quando provações vêm, elas dizem: "Oh, Deus fechou tal porta"! Algumas podem fazer uma confissão de fé, mas é importante saber que há uma grande diferença entre a confissão que vem de um coração verdadeiro e a confissão que vem de um coração orgulhoso e inconstante.

Provérbios 3:6 diz: *"reconheça o SENHOR em todos os seus caminhos, e ele endireitará as suas veredas."* Mas isso não significa etiquetar tudo com o santo nome de Deus. Na verdade, aquele que O reconhece em todos os seus caminhos tenta viver na verdade o tempo todo e, logo, tem mais cautela ao usar o Seu nome. Quando precisa usá-lo, o faz com um coração fiel e discreto.

Portanto, se não quisermos cometer o pecado de usar o nome de Deus em vão, devemos fazer o máximo para meditar na Sua palavra dia e noite, ser vigilantes em oração, e ser cheios do

Espírito Santo. Só quando fazemos essas coisas é que podemos entender claramente a voz do Espírito Santo e agir em justiça, segundo Sua direção.

Sempre O Reverencie, Seja Considerado Nobre

Deus é preciso e meticuloso. Toda palavra que Ele usa na Bíblia é certa e apropriada. Quando você olha para como Ele Se dirige aos crentes, pode ver que Ele usa as palavras certas para a situação. Por exemplo, chamar alguém de "Irmão", ou de "amado" tem tons e significados totalmente diferentes. Às vezes Deus se dirige às pessoas chamando-as de "Pais", ou "Jovens", ou "Filhos", etc., usando as palavras certas que têm a definição apropriada, dependendo da medida da fé da pessoa que está sendo dirigida (1 Coríntios 1:10; 1 João 2:12-13, 3:21-22).

E o mesmo se aplica aos nomes da Santa Trindade. Podemos ver uma variedade de nomes usados para a Trindade: "SENHOR Deus, Jeová, Pai, Messias, Senhor Jesus, Jesus Cristo, Cordeiro, Espírito do Senhor, Espírito de Deus, Espírito Sagrado, Espírito de Santidade, Espírito Santo, Espírito (Gênesis 2:4; 1 Crônicas 28:12; Salmo 104:30; João 1:41; Romanos 1:4).

Em especial, no Novo Testamento, antes de Jesus Cristo tomar a cruz, Ele é chamado de, "Jesus, Mestre, Filho do Homem", mas depois que Ele morreu e ressuscitou, Ele é chamado de "Jesus Cristo, o Senhor Jesus Cristo, Jesus Cristo de

Nazaré" (1 Timóteo 6:14; Atos 3:6).

Antes de ser crucificado, Jesus ainda não tinha completado Sua missão como Salvador, e assim, era chamado de "Jesus", que significa "Aquele que salvará Seu povo dos seus pecados" (Mateus 1:21). Mas depois que Ele cumpriu sua missão, Ele foi chamado de "Cristo", que carrega o significado de "Salvador."

Deus, que é perfeito, também quer que sejamos corretos e perfeitos com as nossas palavras e ações. Assim, sempre que mencionarmos o santo nome de Deus devemos expressar as coisas da forma mais correta possível. É por isso que Ele diz na segunda parte de 1 Samuel 2:30: *"Honrarei aqueles que me honram, mas aqueles que me desprezam serão tratados com desprezo."*

Assim, se verdadeiramente amamos a Deus com grande respeito de dentro dos nossos corações, jamais cometeremos o erro de usar o Seu nome em vão e O temeremos o tempo todo. Assim, oro, para que você possa sempre estar em alerta, em oração e atento no coração, para que a vida que você tem glorifique a Deus.

———— ✤✤ ————

"Lembra-te do Dia de Sábado, Para Santificá-lo"

Êxodo 20:8-11

"Lembra-te do dia de sábado, para santificá-lo. Trabalharás seis dias e neles farás todos os teus trabalhos, mas o sétimo dia é o sábado dedicado ao SENHOR, o teu Deus. Nesse dia não farás trabalho algum, nem tu, nem teus filhos ou filhas, nem teus servos ou servas, nem teus animais, nem os estrangeiros que morarem em tuas cidades. Pois em seis dias o SENHOR fez os céus e a terra, o mar e tudo o que neles existe, mas no sétimo dia descansou. Portanto, o SENHOR abençoou o sétimo dia e o santificou."

Quando você aceita Cristo e se torna um filho de Deus, a primeira coisa que precisa fazer é adorar a Deus todo domingo e dar os dízimos. Dar os dízimos e ofertas mostra a sua fé na autoridade de Deus sobre todas as coisas físicas e materiais, e santificar o Sábado mostra a só fé na autoridade de Deus sobre todas as coisas espirituais (Veja Ezequiel 20:11-12).

Quando você age com fé, reconhecendo a autoridade física e espiritual de Deus, você recebe a proteção Dele de desastres, tentações e sofrimento. Dar os dízimos será discutido mais detalhadamente no capítulo 8. O capítulo presente focará especialmente em santificar o Sábado.

Por que o Domingo Veio a Ser o Dia de Sábado

O dia de descanso dedicado a Deus é chamado de "Sábado." Sua origem foi quando Deus, o Criador, criou o universo e o homem em seis dias, e descansou no sétimo (Gênesis 2:1-3). Ele abençoou o sétimo dia e o santificou, estabelecendo o descanso do homem também para ele.

Nos tempos do Velho Testamento, o Dia de Sábado era na verdade no sábado e até hoje os judeus mantêm a tradição. Contudo, com a chegada dos tempos do Novo Testamento, o domingo se tornou o Sábado e, então, passamos a chamar esse dia de "O Dia do Senhor" 1:17 diz: *"Pois a Lei foi dada por intermédio de Moisés; a graça e a verdade vieram por intermédio de Jesus Cristo.*" E Mateus 12:8 diz: "*Pois o Filho do homem é Senhor do sábado.*" E foi exatamente isso o que aconteceu.

Então, por que o Sábado foi de sábado para domingo? Porque o dia em que toda a humanidade pode ter descanso verdadeiro através de Jesus Cristo é o domingo.

Devido à desobediência do primeiro homem, Adão, toda a humanidade se tornou escrava do pecado e não tinha um Sábado de verdade. O homem só conseguia comer do fruto do suor do seu rosto e tinha de sofrer e experimentar as lágrimas do sofrimento, a enfermidade e a morte. É por isso que Jesus veio a esse mundo em forma humana e foi crucificado: para pagar por todos os pecados da humanidade. Ele morreu e ressuscitou no terceiro dia, derrotando a morte e sendo o primeiro fruto da ressurreição.

Assim Jesus resolveu a questão do pecado e deu um verdadeiro Sábado a todos os seres humanos ao amanhecer de domingo, o primeiro dia depois do dia de Sábado. Por essa razão, nos tempos do Novo Testamento, o domingo, o dia que Jesus Cristo abriu todo o caminho da salvação para toda a humanidade, se tornou o dia de Sábado.

Jesus Cristo, o Senhor do Sábado

Os discípulos do Senhor também designaram o domingo como o dia de Sábado, entendendo o significado espiritual desse último. Atos 20:7 diz: *"No primeiro dia da semana reunimo-nos para partir o pão"* e 1 Coríntios 16:2 diz: *"No primeiro dia da semana, cada um de vocês separe uma quantia, de acordo com a sua renda, reservando-a, para que não seja preciso fazer coletas, quando eu chegar."*

Deus sabia que essa mudança do dia de Sábado ia acontecer, e então Ele fez alusão a isso no Velho Testamento, ao dizer a Moisés: *"Diga o seguinte aos israelitas: Quando vocês entrarem na terra que lhes dou e fizerem colheita, tragam ao sacerdote um feixe do primeiro cereal que colherem. O sacerdote moverá ritualmente o feixe perante o SENHOR, para que seja aceito em favor de vocês; ele o moverá no dia seguinte ao sábado. No dia em que moverem o feixe, vocês oferecerão em holocausto ao SENHOR um cordeiro de um ano de idade e sem defeito"* (Levítico 23:10-12).

Deus estava dizendo aos israelitas que uma vez que eles entrassem na terra de Canaã, eles ofereceriam o primeiro cereal de sua colheita no dia de Sábado. O primeiro cereal simbolizava o Senhor, que veio a ser o primeiro fruto da ressurreição; e o cordeiro de um ano sem defeitos simbolizava Jesus Cristo, o Cordeiro de Deus.

Esses versículos mostram que no domingo, um dia depois do sábado, Jesus, que se tornou a paz, oferecendo os primeiros frutos da ressurreição, daria ressurreição e o verdadeiro Sábado a todos aqueles que cressem Nele.

Por essa razão, o domingo, o dia em que Jesus Cristo ressuscitou, veio a ser o dia de verdadeira alegria e ações de graças; um dia em que nova vida foi concebida e o caminho da vida eterna foi aberto; é o dia em que o verdadeiro Sábado pôde finalmente acontecer.

"Lembra-te do Dia de Sábado, para Santificá-lo"

Então, por que Deus santificou o Sábado e pediu ao Seu povo para mantê-lo santo?

Isso é porque, embora estejamos vivendo em um mundo voltado para a carne, Deus queria que nos lembrássemos das coisas do mundo espiritual também. Ele queria assegurar que a nossa esperança não é somente pelas coisas que perecem desse mundo. Ele queria que nos lembrássemos do Mestre e Criador do universo e tivéssemos esperança pelo verdadeiro e eterno Sábado do Seu reino.

Êxodo, capítulo 20, versículos 9-10 diz: *"Trabalharás seis dias e neles farás todos os teus trabalhos, mas o sétimo dia é o sábado dedicado ao SENHOR, o teu Deus. Nesse dia não farás trabalho algum, nem tu, nem teus filhos ou filhas, nem teus servos ou servas, nem teus animais, nem os estrangeiros que morarem em tuas cidades."* Isso significa que ninguém deve trabalhar no dia de Sábado; inclusive você, seus empregados, seus animais e qualquer visita em sua casa.

É por isso que os judeus ortodoxos não têm a permissão de preparar o alimento, mudar objetos pesados de lugar ou viajar longas distâncias no Sábado. É que todas essas atividades são consideradas trabalho e, portanto, não estariam de acordo com as regras do Sábado. Entretanto, essas restrições foram criadas por pessoas e passadas de geração a geração – não são regras criadas por Deus.

Por exemplo, quando os judeus procuravam algum motivo para acusar Jesus, eles viram um homem com a mão ressequida e perguntaram a Jesus: "É permitido curar no Sábado?" Até curar o doente no Sábado era considerado trabalho para eles, e, portanto, não era permitido.

Então, Jesus lhes respondeu: Ele lhes respondeu: *"Qual de vocês, se tiver uma ovelha e ela cair num buraco no sábado, não irá pegá-la e tirá-la de lá? Quanto mais vale um homem do que uma ovelha! Portanto, é permitido fazer o bem no sábado."* (Mateus 12:11-12).

O guardar o Sábado para Deus não é simplesmente se abster de qualquer tipo de trabalho. Quando não-crentes descansam, ficam em casa, ou saem para atividades recreativas, isso é um descanso físico do trabalho e não pode ser considerado "Sábado", pois não nos dá vida verdadeira. Devemos primeiro entender o significado espiritual do "Sábado", para que o santifiquemos e sejamos abençoados da maneira como Deus planejou.

O que Deus quer de nós nesse dia não é descanso físico, mas espiritual. Isaías 58:13-14 explica que no dia de Sábado as pessoas devem se abster de fazer as coisas que elas agradam, seguir seu próprio caminho, falar futilidades, ou desfrutar de coisas do mundo. Ao invés de fazer tais coisas, elas devem santificar tal dia.

No dia de Sábado, a pessoa não deve se embaraçar com eventos do mundo, mas ir à igreja, que é o corpo do Senhor; comer do pão da vida, que é a palavra de Deus; se relacionar com o Senhor através do louvor e oração; e descansar espiritualmente no Senhor. Com o relacionamento com os irmãos, a pessoa compartilha da graça de Deus e ajuda a aumentar a fé dos outros. Quando descansamos espiritualmente dessa forma, Deus amadurece nossa fé e faz a nossa alma prosperar.

Então, o que exatamente deve ser feito para que o Sábado seja santificado?

Primeiro, Devemos Desejar as Bênçãos do Dia de Sábado e Nos Preparar para Sermos Vasos Limpos.

O dia de Sábado é um dia que Deus separou como santo, e é um dia alegre, quando podemos ser abençoados por Ele.

A segunda parte de Êxodo 20:11 diz: *"Portanto, o SENHOR abençoou o sétimo dia e o santificou"*, e Isaías 58:13 diz: *"se você chamar delícia o sábado e honroso o santo dia do SENHOR, e se honrá-lo."*

Até hoje, uma vez que os israelitas guardam o sábado como o dia de Sábado, como nos tempos do Velho Testamento, eles começam a se preparar para ele com antecedência. Eles preparam toda a comida, e se estiverem trabalhando longe de casa, tentam voltar correndo até no máximo sexta à noite.

Nós também devemos preparar nossos corações para o Sábado, antes de domingo. Toda semana devemos sempre estar acordados antes do domingo chegar e tentar viver em verdade a todo o tempo, para que não construamos barreiras de pecado entre nós e Deus.

Assim, santificar o Sábado não significa dar a Deus apenas aquele único dia. Significa viver a semana toda de acordo com a Sua palavra. Se fizermos alguma coisa durante a semana, que possa ser inaceitável a Deus, devemos nos arrepender e nos preparar para o domingo com um coração limpo.

Além disso, quando vamos para o culto de adoração de domingo, precisamos nos apresentar diante de Deus com um coração grato. Devemos estar diante Dele com um coração alegre e disposto, como o de uma noiva à espera do noivo. Com esse tipo de atitude, podemos nos preparar fisicamente tomando um banho e até mesmo indo a um salão de beleza ou barbeiro para assegurar que teremos aparência limpa e arrumada.

Podemos até limpar a casa também. E também devemos separar com antecedência as roupas limpas que usaremos na igreja. Não devemos nos envolver com nada mundano na tarde de sábado, para que não entremos no domingo com tal coisa. Devemos nos abster de qualquer atividade que possa prejudicar a nossa adoração a Deus no domingo e também tentar guardar nossos corações de modo a não deixá-los se irritar, ficar bravos ou chateados, para que possamos adorar a Deus depois em espírito e em verdade.

Assim, com um coração empolgado e cheio de amor, devemos nos preparar com antecedência para o domingo, para que sejamos vasos dignos de receber a graça de Deus. Isso possibilitará que experimentemos o Sábado espiritual no Senhor.

Segundo, Devemos Dar o Dia de Domingo Completamente a Deus.

Mesmo entre crentes, existem pessoas que dão a Deus só o culto de domingo de manhã e depois não vão ao culto da noite. Elas fazem isso ou para descansar, fazer algo recreativo ou cuidar de outras coisas. Se realmente queremos santificar o Sábado completamente, com um sentimento de temor a Deus, devemos guardar o dia inteiro. A razão pela qual deixamos de ir aos cultos de tarde para fazer uma variedade de coisas é que deixamos nossos corações seguir o que agrada a carne, e, portanto, buscamos coisas mundanas.

Com esse tipo de atitude, é muito fácil nos distrairmos com outros pensamentos durante o culto da manhã. E ainda que possamos ir à igreja, não conseguimos oferecer a Deus uma verdadeira adoração. Durante a adoração, nossas mentes podem estar cheias de pensamentos como: "Vou para casa relaxar, assim que o culto acabar", ou "Oh! vai ser tão legal ver meus amigos depois da igreja"... ou ainda: "É melhor eu correr e abrir a loja, assim que o culto terminar." Nossa mente será visitada por vários tipos de pensamentos e nós não conseguiremos focar na mensagem. Poderemos até ficar com sono ou cansados durante o culto.

É claro que para recém-convertidos, uma vez que sua fé ainda é nova, eles podem se distrair ou, por estar fisicamente bastante cansados, ficar com sono. Uma vez que Deus sabe da medida da fé de cada um e olha para o centro dos nossos corações, Ele é misericordioso para com eles. Mas se alguém que deveria ter uma considerável medida de fé passa a se distrair frequentemente ou cochilar durante os cultos, ele está simplesmente sendo desrespeitoso para com Deus.

Santificar o Sábado não significa simplesmente estar fisicamente dentro da igreja no domingo, mas manter o centro do seu coração e atenção focados em Deus. Só quando adoramos a Deus adequadamente em todo o dia de domingo, em espírito e em verdade, é que Ele recebe alegremente o aroma suave dos nossos corações em adoração.

Para que santifiquemos o Sábado, é também importante a maneira como gastamos as horas fora do culto de adoração nos domingos. Não devemos pensar: "Como fui ao culto, já fiz tudo que precisava fazer." Depois do culto, precisamos nos relacionar com outros crentes e servir ao reino de Deus, limpando a igreja, ajudando a organizar o trânsito e os carros no estacionamento, ou fazendo qualquer outro tipo de trabalho voluntário na igreja.

E depois que o dia termina e vamos para casa descansar, devemos nos abster de atividades recreativas com o único propósito de agradar a nós mesmos. Devemos então meditar na mensagem que ouvimos naquele dia ou passar algum tempo conversando e compartilhando com nossas famílias sobre a verdade e a graça de Deus. Seria boa ideia deixar a televisão desligada, mas caso decidamos ligá-la, devemos tentar evitar certos tipos de programas que despertariam nossa carne ou que nos fariam buscar prazeres mundanos. Ao invés desses programas, deveríamos assistir a coisas que são puras, e até melhor, baseadas na fé.

Quando mostramos a Deus que estamos tentando fazer o melhor para agradá-Lo, até com as pequenas coisas, Ele olha para o centro dos nossos corações, recebe nossa adoração com alegria, nos enche do Espírito Santo, e nos abençoa, para que tenhamos o verdadeiro descanso.

Em Terceiro Lugar, Não Devemos Fazer Nenhum Trabalho Mundano.

Neemias, governador de Israel sob o Rei Artaxexes, Rei da Pérsia, entendendo a vontade de Deus, não apenas reconstruiu os muros de Jerusalém, mas também assegurou-se de que o povo santificaria o Sábado.

É por isso que ele proibiu trabalhar ou vender as coisas no dia de Sábado, chegando até a perseguir aqueles que dormiam fora dos muros da cidade, esperando conduzir seus negócios depois do Sábado.

Em Neemias 13:17-18, ele adverte as pessoas: *"Como é que vocês podem fazer tão grande mal, profanando o dia de sábado? Por acaso os seus antepassados não fizeram o mesmo, levando o nosso Deus a trazer toda essa desgraça sobre nós e sobre esta cidade? Pois agora, profanando o sábado, vocês provocam maior ira contra Israel!"* O que Neemias está dizendo é que, mexer com atividades comerciais no dia de Sábado, o viola e desperta a ira de Deus.

Qualquer que viola o Sábado não reconhece a autoridade de Deus e não crê em Sua promessa de abençoar aqueles que santificar o Sábado. É por isso que Deus, que é justo, não pode proteger essas pessoas, e a calamidade é propícia de vir sobre eles.

Deus ainda ordena a mesma coisa para nós hoje. Ele nos diz para trabalharmos duro por seis dias e depois descansarmos no sétimo. E se nos lembrarmos do dia de Sábado, santificando-o, então Deus não apenas nos dá aquilo que equivaleria ao lucro que teríamos trabalhando no sétimo dia, mas também nos abençoaria, a ponto da nossa "despensa" transbordar.

Se você olhar Êxodo, capítulo 16, verá que, enquanto Deus dava o maná e as codornizes aos israelitas todos os dias, no sexto dia Ele mandava porção dobrada que serviria também para o dia de Sábado. Entre os israelitas, havia alguns que, por causa do seu egoísmo, saíam para pegar o maná no dia de Sábado, mas voltavam de mãos vazias.

A mesma lei espiritual aplica-se a nós hoje. Se um filho de Deus não guarda o dia de Sábado e decide trabalhar, ele pode até colher algum lucro a curto prazo. Contudo, a longo prazo, por trabalhar no dia de Sábado, enfrentará na verdade prejuízo maior do que o lucro que obtivera.

A verdade da questão é, ainda que pareça que você esteja lucrando em algum momento, sem a proteção de Deus, você está propenso a enfrentar problemas imprevistos. Por exemplo, você pode se envolver em um acidente, ficar doente, etc. – coisas que acabarão gerando maior prejuízo do que qualquer lucro que obtivera antes.

Por outro lado, se você se lembra do Sábado e o santifica,

Deus o protege pelo resto da semana e o faz prosperar. O Espírito Santo o guarda com Suas colunas de fogo, e o protege de toda enfermidade. Ele abençoa seus negócios, trabalho e qualquer outra coisa que possa fazer.

É por isso que Deus colocou a questão do Sábado entre os Dez Mandamentos. Ele até mesmo estabeleceu uma séria punição, o apedrejamento das pessoas que fossem pegas trabalhando no dia de Sábado, para que Seu povo pudesse lembrar-se, e não se esquecer da importância daquele dia, não seguindo pelo caminho da morte eterna (Números, Capítulo 15).

Desde quando aceitei a Cristo em minha vida, sempre cuidei de me lembrar do Sábado e santificá-lo. Antes de ter a nossa igreja, eu tinha uma livraria. Aos domingos, muitas pessoas vinham para a loja querendo pegar livros emprestados ou devolvê-los. Toda vez que isso acontecia eu dizia: "Hoje é o Dia do Senhor, então a loja está fechada", e não fazia negócio nenhum naquele dia. Como resultado, ao invés de ter prejuízos, Deus de fato derramou grande bênção sobre os seis dias que trabalhávamos. Assim, nunca precisamos sequer pensar em trabalhar aos domingos novamente!

Quando Trabalhar ou Fazer Negócios no Dia de Sábado é Permitido

Quando você olha na Bíblia, vê casos em que trabalhar ou

fazer negócios no dia de Sábado é permitido. Esses casos mostram a circunstância em que o trabalho é necessário para a obra do Senhor ou para boas obras, como por exemplo, salvar vidas de pessoas.

Mateus 12:5-8 diz: *"Ou vocês não leram na Lei que, no sábado, os sacerdotes no templo profanam esse dia e, contudo, ficam sem culpa? Eu lhes digo que aqui está o que é maior do que o templo. Se vocês soubessem o que significam estas palavras: 'Desejo misericórdia, não sacrifícios', não teriam condenado inocentes. Pois o Filho do homem é Senhor do súbado."*

Quando os sacerdotes abatiam animais para oferta queimada no dia de Sábado, isso não era considerado trabalho. Assim, qualquer trabalho feito para o Senhor no Dia do Senhor não é considerado uma transgressão ao Sábado, pois Ele é o Senhor do Sábado.

Por exemplo, se a igreja quer dar uma refeição ao grupo de louvor e aos professores da escola dominical pelo seu trabalho duro na igreja o dia todo, mas a igreja não tem uma cantina ou as instalações adequadas, então é permitido que ela compre a comida para eles em algum lugar. Isso é porque o Senhor do Sábado é Jesus Cristo, e comprar comida nesse caso é para fazer a Sua obra.

Quando livrarias são abertas aos domingos na igreja, isso não é considerado violar o Sábado, pois os itens vendidos ali não são considerados coisas do mundo, mas são coisas que só dão vida aos crentes no Senhor. Tais coisas incluem Bíblias, Hinários, gravações de sermões e outras coisas de igreja. Além disso, máquinas que vendem coisas e cantinas dentro da igreja também são permitidas, pois ajudam os crentes ali no dia de Sábado. O lucro obtido com essas vendas é usado para patrocinar missões e instituições beneficentes; o que o diferencia do lucro de vendas seculares que vai para fora da igreja.

Deus não considera alguns tipos de trabalho no Sábado como violação do mesmo. São exemplos deles: o serviço militar, forças policiais, hospitais, etc. Esses são trabalhos feitos para proteger e salvar vidas e fazer boas obras. Entretanto, se você está nessa categoria, mesmo assim, você deve tentar focar em Deus, ainda que seja só no coração. O seu coração deve estar desejando demonstrar ao seu superior que você gostaria de ter o Sábado como o seu dia de folga, a fim de santificá-lo.

E os crentes que realizam seus casamentos no domingo? Se eles dizem que creem em Deus e fazem a cerimônia de seu casamento no Dia do Senhor, isso mostra que sua fé ainda é muito imatura. Mas se eles decidem casar-se no domingo e ninguém da igreja vai ao casamento, eles podem se sentir ofendidos e escorregar na sua caminhada na fé. Logo, nesse caso, os membros da igreja podem ir ao casamento depois do culto de domingo.

Assim, eles mostram consideração pelos indivíduos que estão se casando e evitam que sejam magoados ou que escorreguem em sua caminhada cristã. No entanto, depois da cerimônia, não é aceitável que você fique para a recepção dos convidados, onde eles se divertem.

À parte desses casos, pode haver muitas outras perguntas sobre o dia de Sábado. Contudo, quando você começa a entender o coração de Deus, você consegue achar uma resposta para elas facilmente. Quando você se livra de toda maldade do seu coração, você consegue adorar a Deus com todo ele. Você consegue agir com amor sincero por outras almas ao invés de julgá-las com regras criadas por homens e regulamentos como as dos fariseus e saduceus. Você pode desfrutar de um verdadeiro Sábado no Senhor ao não profaná-lo. Assim, você saberá qual é a vontade de Deus em todas as situações e saberá o que fazer com a direção do Espírito Santo, podendo sempre desfrutar da liberdade que há em viver na verdade.

Deus é amor, logo, se Seus filhos obedecem aos Seus mandamentos e fazem o que Lhe agrada, Ele lhes dá tudo aquilo que pedem (1 João 3:21-22). Ele não apenas nos banha com Sua graça, mas também nos abençoa, para que possamos ser prósperos e bem sucedidos em todas as áreas de nossas vidas. Além disso, no fim delas, Ele nos levará até o melhor lugar do céu.

Ele preparou o céu para nós, para que, assim como a noiva e o noivo compartilham amor e felicidade um com o outro, nós também possamos compartilhar amor e felicidade eternamente no céu com nosso Senhor. Esse é o verdadeiro Sábado que Deus tem reservado para nós. Desta maneira, oro, para que a sua fé amadureça e cresça a cada dia, com você lembrando-se do dia de Sábado para santificá-lo completamente.

Capítulo 6

O Quinto Mandamento

"Honra Teu Pai e tua Mãe"

Êxodo 20:12

"Honra teu pai e tua mãe, a fim de que tenhas vida longa na terra que o SENHOR, o teu Deus, te dá."

Em um severo inverno, quando as ruas da Coreia estavam cheias de angustiados, refugiados, frutos da devastação da Guerra da Coreia, havia uma mulher prestes a dar à luz. Ela tinha milhas a seguir até chegar ao destino planejado, mas como suas contrações ficavam cada vez mais fortes e frequentes, ela foi para debaixo de uma ponte abandonada. Deitada no chão frio, congelante, ela suportou as dores da concepção sozinha e trouxe ao mundo um pequeno bebê. Então, ela cobriu a criança suja de sangue com suas próprias roupas e a segurou em seu peito.

Poucos momentos depois, um soldado americano que passava pela ponte ouviu o choro do bebê. Ao seguir o som, ele desceu para debaixo da ponte e encontrou uma mulher morta, nua e congelada, debruçada acima de um bebê que chorava, coberto com camadas de roupas. Como a mulher nessa história, pais amam seus filhos a ponto de voluntária e facilmente entregar suas próprias vidas por eles. Quanto maior então deverá ser o amor incondicional de Deus por nós?

"Honra Teu Pai e Tua mãe"

"Honrar seu pai e sua mãe" significa obedecer à vontade dos seus pais e servi-los com respeito sincero e cortesia. Nossos pais nos conceberam e nos criaram. Se eles não existissem, nós também não poderíamos existir. Assim, mesmo se Deus não tivesse feito desse mandamento um dos Dez, as pessoas com bons corações continuariam honrando seus pais.

Deus nos dá esse mandamento: "Honra teu pai e tua mãe", porque, como Ele menciona em Efésios 6:1: *"Filhos, obedeçam a seus pais no Senhor, pois isso é justo"*, Ele quer que honremos nossos pais de acordo com a Sua palavra. Todavia, se para agradar os seus pais você tem de desobedecer à palavra de Deus, então isso não é honrá-los de verdade.

Por exemplo, se você está prestes a ir à igreja no domingo e seus pais dizem: "Não vá à igreja hoje. Vamos ter um tempo em família." O que você deve fazer? Se você obedecer aos seus pais a fim de agradá-los, não os estará honrando de verdade. Isso será uma violação do dia de Sábado e você estará caminhando em direção à escuridão, juntamente com seus pais.

Ainda que você lhes obedeça e sirva na carne, uma vez que esse é, espiritualmente, o caminho para o inferno eterno, como pode dizer que ama seus pais de verdade? Primeiro, você deve agir segundo a vontade de Deus e depois tentar mover o coração dos seus pais, para que vocês todos possam ir para o céu juntos. Isso é honrá-los verdadeiramente.

Em 2 Crônicas 15:16 lemos: *"E também a Maaca, sua mãe, o rei Asa depôs, para que não fosse mais rainha, porquanto fizera um horrível ídolo, a Asera; e Asa destruiu o seu horrível ídolo, o despedaçou e o queimou junto ao ribeiro de Cedrom"* [Versão Almeida Corrigida e Revisada Fiel (Ed. 1994)].

Se a rainha de uma nação adora a ídolos, ela está sendo hostil para com Deus e caminhando em direção à condenação eterna. Não só isso, mas ela está colocando os seus subordinados em perigo, fazendo-os cometer atos de idolatria e seguim pela mesma condenação eterna que ela. É por isso que, mesmo Maaca sendo sua mãe, Asa não tentou agradá-la, obedecendo-lhe, mas a depôs de sua posição de rainha mãe, para que ela pudesse se arrepender de seu erro diante de Deus e as pessoas pudessem acordar e fazer o mesmo.

Mas o fato de Asa ter deposto sua mãe da posição de rainha-mãe não significa que ele parara de cumprir seu dever como filho. Ele continuou a honrá-la e respeitá-la como mãe, pois amava muito a sua alma.

Para dizermos: "Verdadeiramente honrei os meus pais", precisamos ajudar pais não-crentes a receber a salvação e ir para o céu. Se eles já forem cristãos, devemos ajudá-los a ir para o melhor lugar ali. Ao mesmo tempo, devemos também tentar servi-los e agradar-lhes o quanto pudermos, dentro da verdade de Deus, enquanto vivermos nessa terra.

Deus é o Pai dos Nossos Espíritos

"Honrar seu pai e sua mãe" quer dizer, no fim das contas, "obedecer aos mandamentos de Deus e honrá-Lo." Quando alguém verdadeiramente honra a Deus com todo o coração, ele também honra seus pais. E semelhantemente, quando alguém sinceramente serve seus pais, ele está servindo a Deus também. Contudo, a verdade da questão é que, quando falamos de prioridade, Deus deve ser sempre o primeiro.

Por exemplo, em muitas culturas, se o pai diz ao filho: "Vá para o leste", o filho obedece e vai para o leste. Mas se acontece de o avô dizer: "Não vá para o leste. Vá para o oeste", é mais correto o filho dizer ao seu pai: "O avô me disse para eu ir para o oeste, então irei para o oeste", e ir realmente para o oeste.

Se o pai verdadeiramente honrar o seu próprio pai, ele não ficará bravo simplesmente porque seu filho obedeceu ao avô, ao invés de obedecer-lhe. Esse ato de obedecer aos mais velhos da família, de acordo com seu nível de geração, também se aplica em nosso relacionamento com Deus.

Deus é Aquele que criou e deu vida ao nosso pai, avô e todos os nossos ancestrais. Uma pessoa surge da união de um óvulo com um espermatozóide. Entretanto, Aquele que dá ao homem a semente básica da vida é Deus.

Nossos corpos visíveis não são nada mais que tendas temporárias, que usamos por um curto período de tempo, enquanto vivemos nessa terra. Depois de Deus, o verdadeiro mestre de cada um de nós é o espírito que cada um tem. Não importa o quão esperta e cheia de conhecimento a humanidade se torne, ninguém pode clonar o espírito de alguém. E mesmo que o homem consiga clonar células humanas e criar uma forma humana, se Deus não der o espírito, não poderemos chamar tal coisa de ser humano.

Logo, o verdadeiro Pai do nosso espírito é Deus. Sabendo desse fato, devemos fazer o melhor para servir e honrar nossos pais físicos, mas amando, servindo e honrando a Deus mais ainda, pois Ele é a origem da vida e a vida em Si.

Assim, se um pai ou mãe entendem isso, eles jamais pensarão: "Concebi ao meu filho, e, dessa forma, posso fazer o que eu bem quiser com ele." Como escrito no Salmo 127:3, *"Os filhos são herança do SENHOR, uma recompensa que ele dá"*, pais com fé consideram seu filho um empreendimento dado por Deus e uma alma de valor inestimável, que deve ser criada segundo a vontade de Deus, e não a sua própria vontade.

Como Honrar a Deus, o Pai dos Nossos Espíritos

Então, o que devemos fazer para honrarmos a Deus, o Pai dos nossos espíritos?

Se você verdadeiramente honra seus pais, então você lhes obedece e tenta trazer alegria e conforto para seus corações. Da mesma maneira, se você verdadeiramente quer honrar a Deus, você deve amá-Lo e obedecer aos Seus mandamentos.

Como escrito em 1 João 5:3: *"Porque nisto consiste o*

amor a Deus: em obedecer aos seus mandamentos. E os seus mandamentos não são pesados." Se de fato amamos a Deus, então tentar obedecer aos Seus mandamentos nos é agradável.

As ordens de Deus estão contidas nos sessenta e seis livros da Bíblia. Em outras palavras, elas são coisas como: "ame, perdoe, seja apaziguador, sirva, ore, etc", onde Deus nos diz para fazer algo; e coisas como: "não odeie, não condene, não se orgulhe, etc", onde Deus nos diz para não fazermos algo. Há também vezes em que Deus nos diz para nos despojarmos de algo como: "Despoje-se de toda forma de pecado, mesmo pequena, etc", onde Ele nos pede para nos livrarmos de algo em nossas vidas; e vezes em que Ele pede para guardarmos algo como: "Guarde o Sábado, etc."

Somente quando agimos segundo as ordens de Deus gravadas na Bíblia e nos tornamos cristãos com aromas suaves a Ele é que podemos dizer que estamos honrando de fato a Deus Pai.

É fácil ver que pessoas que amam e honram a Deus, amam e honram seus pais físicos também. Isso é porque os mandamentos de Deus já incluem honrar e amar aos nossos irmãos.

Você por acaso ama a Deus e faz o melhor de si para servi-Lo na igreja, mas negligencia seus pais em casa? Você é humilde e amável na frente dos seus irmãos e irmãs na igreja, mas sem educação e rude com seus familiares? Você confronta seus pais idosos com palavras e ações que demonstram frustração, dizendo que o que eles dizem não faz sentido?

Obviamente, pode haver vezes em que você e seus pais tenham opiniões diferentes, devido às diferenças de gerações, educação ou cultura. Contudo, devemos primeiro sempre tentar respeitar e honrar as opiniões dos nossos pais. Embora possamos estar certos, se a opinião deles não for ao encontro da Bíblia, devemos ser capazes de sucumbir nossas próprias opiniões pela deles.

Nós jamais devemos nos esquecer de honrar nossos pais, entendendo que, se estamos vivos e amadurecendo até hoje, é devido ao seu amor e sacrifício por nós. Algumas pessoas podem sentir que seus pais nunca fizeram nada por elas e podem achar difícil honrá-los. No entanto, ainda que alguns pais não sejam fiéis às suas responsabilidades de pais, devemos nos lembrar de honrar aqueles que nos fizeram vir à civilização humana.

Se Você Ama a Deus, Honre Seus Pais

Amar a Deus e honrar os seus pais são coisas que andam juntas. 1 João 4:20 diz: *"Se alguém afirmar: "Eu amo a Deus", mas odiar seu irmão, é mentiroso, pois quem não ama seu irmão, a quem vê, não pode amar a Deus, a quem não vê. Ele nos deu este mandamento: Quem ama a Deus, ame também seu irmão."*

Se alguém diz amar a Deus, mas não ama seus pais e não vive em paz com seus irmãos e irmãs, então essa pessoa está sendo hipócrita e mentirosa. É por isso que em Mateus 15, versículos 4-9, vemos Jesus repreendendo os fariseus e escribas. Segundo as tradições dos anciãos, eles não precisavam se preocupar em ofertar aos seus pais, se estivessem ofertando a Deus. Quando alguém diz que não pode dar nada aos seus pais porque tem de dar a Deus, isso não apenas é contrário ao mandamento de honrar os pais, mas também, se a pessoa está usando o nome de Deus como desculpa, está claro que sua atitude vem de um coração mau; querendo tirar o que é dos pais para satisfazer a si mesmo. Aquele que verdadeiramente ama e honra a Deus do fundo do coração amará e honrará seus pais também.

Por exemplo, se alguém que teve dificuldade para amar seus pais no passado e passa a entender cada vez mais o amor de Deus, ele vai começar a entender melhor o amor de seus pais também. Quanto mais você entra na verdade, livra-se dos seus pecados e vive segundo a Palavra de Deus, mais o seu coração se enche de amor e mais você conseguirá servir e amar a seus pais.

As Bênçãos Que Você Recebe Quando Obedece ao Quinto Mandamento

Deus fez uma promessa àqueles que amam a Deus e honram seus pais. Êxodo 20:12 diz: *"Honra teu pai e tua mãe, a fim de que tenhas vida longa na terra que o SENHOR, o teu Deus, te dá."*

Esse versículo não quer dizer simplesmente que você terá vida longa se honrar seus pais. Ele quer dizer que, quanto mais você honra Deus e seus pais em Sua verdade, Ele o abençoa com prosperidade e proteção em todas as áreas da sua vida. "Ter vida longa" significa que Deus abençoará você, sua família, seu trabalho ou negócios, livrando-o de desastres repentinos, para que a sua vida seja longa e bem sucedida.

Rute, uma mulher do Velho Testamento, recebeu esse tipo de bênção. Ela era gentia, da terra de Moabe e, ao olhar para as circunstâncias de sua vida natural, poderíamos dizer que sua vida era bem difícil. Ela casou-se com um judeu que havia deixado Israel por causa da fome. Contudo, pouco tempo depois que se casou, ele faleceu e a deixou sem nenhum filho.

Seu sogro também já havia falecido e, naquela casa, não havia mais homem para sustentar a família. A única pessoa que restara era sua sogra, Noemi, e sua cunhada, Orfa. Quando sua sogra, Noemi, decidiu voltar para Judá, Rute não hesitou em ir com ela.

Noemi tentou persuadir sua jovem nora a ir embora e começar uma nova vida, mais feliz; mas Rute não se deixou convencer. Rute queria cuidar de sua sogra viúva até o fim, e assim, acabou indo com ela para Judá, uma terra totalmente estrangeira para ela. Como ela amava sua sogra, ela queria cumprir todos os seus deveres de nora. Ela queria fazer o melhor, cuidando de Noemi o maior tempo possível. Para tal, ela estava até disposta a abrir mão da possibilidade de ter uma vida nova e mais feliz.

Rute veio a ter fé no Deus de Israel também, através de sua sogra. Podemos ver sua comovente confissão em Rute, Capítulo 1, versículos 16 e 17:

Rute, porém, respondeu: *"Não insistas comigo que te deixe e que não mais te acompanhe. Aonde fores irei, onde ficares ficarei! O teu povo será o meu povo e o teu Deus será o meu Deus! Onde morreres morrerei, e ali serei sepultada. Que o SENHOR me castigue com todo o rigor, se outra coisa que não a morte me separar de ti!"*

Quando Deus ouviu essa confissão, embora Rute fosse uma gentia, Ele a abençoou e fez sua vida prosperar. Seguindo os costumes judaicos, em que a mulher pode casar-se novamente com um dos parentes de seu marido, Rute pôde começar uma nova e feliz vida com um gentil esposo e viver o resto de sua vida com sua sogra, a quem amava.

Além do mais, o Rei Davi veio da descendência de Rute, e ela também teve o privilégio de estar na genealogia de Jesus Cristo. Como Deus prometeu, como Rute honrara sua mãe no amor de Deus, ela foi abundantemente abençoada tanto física como espiritualmente.

Como Rute, nós também precisamos amar a Deus em

primeiro lugar e depois honrar nossos pais em Seu amor, recebendo, assim, todas as bênçãos prometidas, contidas na palavra "ter vida longa na terra."

Capítulo 7
O Sexto Mandamento

——— ⸙⸙ ———

"Não Matarás"

Êxodo 20:13

"Não matarás."

Como pastor, interajo com muitos membros da igreja. Além dos cultos regulares, encontro-os quando vêm receber oração, dar seu testemunho ou buscar encorajamento espiritual. A fim de ajudar sua fé fortalecer, eu geralmente faço-lhes a seguinte pergunta: "Você ama a Deus?" "Sim! Eu amo a Deus", a maioria responde confiantemente. Contudo, muitas vezes eles dizem isso não entendendo o significado espiritual de amar a Deus. Assim, eu compartilho com eles o seguinte versículo: *"Porque nisto consiste o amor a Deus: em obedecer aos seus mandamentos"* (1 João, 5:3) e lhes explico qual é o significado espiritual de amar a Deus. Então, quando lhes faço a mesma pergunta novamente, a maioria deles responde com menos confiança.

É muito importante entender o significado espiritual das palavras de Deus, inclusive dos Dez Mandamentos. Então, qual é o significado espiritual do sexto mandamento?

"Não Matarás"

Se lermos Gênesis, capítulo quatro, testemunhamos o primeiro caso de assassinato da humanidade. É o caso em que o filho de Adão, Caim, mata seu irmão mais novo, Abel. Por que coisas assim acontecem?

Abel ofereceu um sacrifício a Deus de maneira que Lhe

agradou, enquanto Caim sacrificou a Deus de uma forma que ele achou que estivesse certa, de uma maneira que era mais confortável para ele mesmo. Quando Deus rejeitou seu sacrifício, ao invés de tentar descobrir o que ele tinha feito de errado, Caim ficou com ciúmes de seu irmão e ficou irritado e indignado.

Deus conhecia o coração de Caim e o advertiu em diversas ocasiões. Deus lhe disse: *"ele [o pecado] deseja conquistá-lo, mas você deve dominá-lo"* (Gênesis 4:7). Mas como escrito em Gênesis, 4:8: *"Quando estavam lá [no campo], Caim atacou seu irmão Abel e o matou"*, Caim foi incapaz de controlar a raiva em seu coração e acabou cometendo um pecado irreversível.

A partir das palavras "quando estavam no campo", podemos supor que Caim estava esperando pelo momento em que ele estaria a sós com seu irmão; o que quer dizer que ele já tinha decidido em seu coração que mataria Abel, e estava procurando a hora certa. O assassinato que Caim cometeu não foi acidental, mas resultado de sua raiva incontrolada, que se transformou em ação em um único momento. É isso que faz o assassinato cometido por Caim tão grande pecado.

Seguindo o assassinato cometido por Caim, muitos outros casos de assassinatos ocorreram na história da humanidade. Hoje, como o mundo está cheio de pecados, inúmeros assassinatos ocorrem todos os dias. A média de idade dos criminosos só está descendo e os crimes ficando cada vez mais cheios de maldade. O que é ainda pior é que, hoje em dia, casos de assassinatos em que pais matam filhos e vice-versa não são mais chocantes.

Assassinato Físico: Tirando a Vida de Outra Pessoa

Legalmente, existem dois tipos de assassinato: o de primeiro grau, em que a pessoa mata a outra intencionalmente por uma razão específica; e o de segundo grau, em que a pessoa mata a outra sem a intenção. O assassinato advindo da malícia ou ganho material, ou o assassinato acidental por direção sem consciência são todos tipos de assassinato; todavia, o peso do pecado para cada um varia dependendo da situação. Alguns assassinatos não são considerados pecado, como derramar sangue em um campo de batalha ou matar alguém em legítima defesa.

A Bíblia diz que se uma pessoa mata um ladrão que invade sua casa à noite, tal ato não é considerado assassinato, mas se a pessoa mata um ladrão que invade sua casa de dia, o ato é considerado como autodefesa exagerada e deve receber punição. Isso é porque, há milhares de anos, no tempo em que Deus nos deu Suas leis, as pessoas podiam facilmente perseguir ou capturar um ladrão com a ajuda de alguém.

Nesse caso, Deus considerava ser pecado o ato de a pessoa, como autodefesa excessiva, causar derramamento de sangue, pois Ele proíbe negligenciar os direitos humanos e abusar da dignidade da vida. Isso demonstra a natureza justa e amorosa de Deus (Êxodo 22:2-3).

Suicídio e Aborto

Além dos tipos de assassinato até agora mencionados, há também o caso de 'suicídio.' 'Suicídio' é claramente considerado 'assassinato' diante de Deus. Deus tem poder sobre a vida de todas as pessoas, e o suicídio é um ato que nega Sua soberania. É por isso que suicidar-se é um grande pecado. Entretanto, as pessoas cometem esse pecado por não crerem na vida após a morte ou em Deus. Assim, além de cometerem o pecado de descrença em Deus, elas também cometem o pecado do assassinato. Imagine o tipo de julgamento que espera por elas!

Hoje em dia, com o surgimento dos usuários da Internet, são frequentes os casos em que pessoas são tentadas a suicidar-se por "websites." Na Coreia, a causa número um de mortes de pessoas nos seus quarenta anos de idade é o câncer, e a segunda, o suicídio, que, por sua vez, está se tornando um sério problema social. As pessoas precisam entender que elas não têm autoridade de dar fim às suas próprias vidas, e que o simples fato de elas acabarem com sua vida na terra não significa que o problema que estiverem deixando para trás é resolvido.

E sobre abortos? A verdade da questão é que a vida de uma

criança no útero está sob o poder soberano de Deus; logo, aborto também cai na categoria de assassinato.

Hoje, em um tempo em que o pecado controla a vida de tantas pessoas, pais abortam bebês sem sequer considerar isso um pecado. Matar alguém é, em si, um terrível pecado. Quanto mais pais tirando a vida do próprio filho!

O assassinato físico é um pecado óbvio, e assim, todo país tem leis bastante rígidas a seu respeito. Ele é também um grande pecado diante de Deus, o que faz com que o diabo traga diversos tipos de tribulações para quem o comete. Além de tudo, um forte julgamento espera aqueles que cometem esse pecado. Logo, ninguém deveria matar.

Assassinato Espiritual que Prejudica a Alma e o Espírito

Deus considera o assassinato físico um terrível pecado, mas Ele também considera o assassinato espiritual – que é tão terrível quanto o físico – como um pecado grave. Então, o que exatamente é assassinato espiritual?

Primeiro, o assassinato espiritual é quando uma pessoa faz algo fora da verdade de Deus, seja com palavras ou ações, e acaba fazendo outra pessoa tropeçar na fé.

Fazer outro crente tropeçar na fé e prejudicar seu espírito faz com que ele se afaste da verdade de Deus.

Digamos que um recém-convertido fosse até algum dos líderes da igreja para receber aconselhamento e perguntasse: "Está tudo bem se eu faltar ao culto de domingo para cuidar de umas coisas muito importantes?" Se o líder responder-lhe: "Bom, se é para algo tão importante, acho que está tudo bem", então o líder está fazendo o recém-convertido tropeçar.

Ou, digamos que alguém encarregado da tesouraria da igreja perguntasse: "Posso pegar um dinheiro emprestado da igreja para uso pessoal? Vou pagar tudo em dois dias." Se o líder responde: "A menos que pague o que deve, não tem problema", ele estará ensinando algo a essa pessoa que contradiz a vontade de Deus, e, portanto, está prejudicando o espírito do seu irmão.

Ou se o líder de um pequeno grupo disser: "Vivemos em um mundo tão ocupado hoje em dia. Como poderemos nos encontrar com frequência?" e ensina aos seus liderados a não levar as reuniões da igreja tão a sério, o que é contra a verdade de Deus. Essa pessoa também estará fazendo seus companheiros crentes tropeçarem (Hebreus 10:25). Como escrito: *"Se um cego conduzir outro cego, ambos cairão num buraco"* (Mateus 15:14).

Assim, ensinar coisas não provenientes da verdade a crentes

e fazê-los tropeçar, afastando-os da verdade de Deus, é um tipo de assassinato espiritual. As informações falsas a crentes podem fazer com que eles passem por tribulações sem motivo. É por isso que os líderes de igreja, que estão em alguma posição de ensino, devem orar fervorosamente diante de Deus e passar para frente as informações corretas, ou reportar a questão a outro líder, que poderá ter a resposta clara de Deus e guiar os crentes em crescimento pelo caminho certo.

Além do mais, dizer coisas que não deveriam ser ditas ou palavras de maldade são coisas que também podem se encaixar na categoria de assassinato espiritual. Dizer coisas que condenam ou julgam os outros, criar sinagogas de Satanás através de fofocas, ou criar dissensões entre as pessoas são exemplos em que se provoca outra pessoa, para que ela odeie ou aja com maldade.

Pior é quando as pessoas espalham rumores sobre um servo de Deus, como um pastor ou uma igreja. Esses rumores podem fazer várias pessoas tropeçar e, assim, aqueles que os espalham certamente enfrentarão julgamento diante de Deus.

Em alguns casos, podemos ver pessoas danificando seus próprios espíritos com a maldade de seus corações. Exemplos desses tipos de pessoas são os judeus que tentaram matar Jesus – embora Ele estivesse agindo na verdade – ou Judas Iscariotes, que traiu Jesus, vendendo-O aos judeus por trinta moedas de prata.

Se alguém tropeça por ver a fraqueza de outra pessoa, a pessoa que tropeçou deve saber que ela também tem maldade em si mesma. Às vezes as pessoas olham para um recém-convertido que não se livrou de muitas coisas ainda e dizem: "e tal pessoa se diz cristã? Não vou à igreja por causa dele!" Esse é um caso em que elas estão fazendo com que elas mesmas tropecem. Ninguém mais lhes fez isso; mas elas estão se prejudicando mais com sua própria maldade e o julgamento de seus corações.

Em alguns casos, as pessoas podem se desviar por ter tido alguma decepção com alguém que elas acreditavam ser um cristão forte, dizendo que essa pessoa agiu com inverdade. Se elas simplesmente focassem em Deus e no Senhor Jesus Cristo, elas não tropeçariam nem sairiam do caminho da salvação.

Por exemplo, às vezes, as pessoas assinam em baixo por alguém a quem realmente respeitam e em quem confiam. Contudo, se por alguma razão as coisas dão errado, elas também têm problemas. Nesse caso, muitas pessoas ficariam decepcionadas ou ofendidas. Quando algo assim acontece, elas precisam entender que a situação só prova que sua fé não era verdadeira e que elas deveriam se arrepender de sua desobediência. Foram elas que desobedeceram a Deus, quando Ele nos disse especificamente para não sermos fiadores de dívidas (Provérbios 22:26).

E se você verdadeiramente tiver um bom coração e uma fé verdadeira, quando vir a fraqueza de alguém, deverá orar pela pessoa com um coração misericordioso e esperar que ela mude.

Há também algumas pessoas que podem ser uma pedra de

tropeço para elas mesmas ao sentirem-se ofendidas ao ouvir a mensagem de Deus. Se, por exemplo, o pastor está dando um sermão a respeito de um pecado específico, embora o pastor nunca tenha sequer pensado nelas, muito menos mencionado o seu nome, elas pensam: "O pastor está falando de mim! Como ele pode fazer isso na frente de todo mundo?" e então saem da igreja.

Ou também quando o pastor diz que o dízimo pertence a Deus e que Ele abençoa aqueles que o doam, algumas pessoas reclamam dizendo que a igreja está colocando ênfase demais em dinheiro. Então, quando o pastor testemunha sobre o poder de Deus e Seus milagres, algumas delas dizem: "Isso não faz sentido para mim", e reclamam que as mensagens não casam bem com seu conhecimento e educação. Tudo isso são exemplos de pessoas ficando ofendidas sem motivo e criando suas próprias pedras de tropeço em seus corações.

Jesus disse em Mateus 11:6: *"e feliz é aquele que não se escandaliza por minha causa."* Em João 11:10 Ele disse: *"Quando anda de noite, tropeça, pois nele não há luz."* Quando a pessoa tem um bom coração e deseja receber a verdade, ela não tropeça ou se desvia dos caminhos de Deus, pois Sua palavra, que é a luz, está com ela. Se alguém vacila em uma pedra de tropeço ou se sente ofendida por alguma coisa, isso só prova que ela ainda tem escuridão em si.

É óbvio que quando alguém se sente ofendido facilmente, é sinal de que tal pessoa ou é fraca na fé ou tem escuridão em seu coração. Mas aquele que ofende outra pessoa também é responsável por suas ações. Para a pessoa que está passando uma mensagem para alguém, ainda que o que ela está dizendo seja a verdade absoluta, ela deve tentar fazê-lo sabiamente, de forma que a mensagem se conecte ao nível de fé do outro.

Se você diz a um recém-convertido que acabou de receber o Espírito Santo: "Se você quer ser salvo, pare de fumar e beber", "Você jamais deve abrir sua loja aos domingos", ou "Se você cometer o pecado de parar de orar, isso se tornará um muro entre você e Deus, então tenha certeza de ir à igreja e orar todos os dias", isso é o mesmo que dar carne a um bebê que ainda mama. Por mais que o recém-convertido obedeça sob pressão, ele provavelmente pensará: "Nossa, ser cristão é tão difícil!", e pode sentir-se com um fardo e, mais cedo ou mais tarde, abandona a fé.

Mateus 18:7 diz: *"Ai do mundo, por causa das coisas que fazem tropeçar! É inevitável que tais coisas aconteçam, mas ai daquele por meio de quem elas acontecem!"* Ainda que você diga algo para o bem da outra pessoa, se o que você disser ofendê-la ou fizer com que ela se desvie dos caminhos de Deus, isso é considerado assassinato espiritual, e você inevitavelmente enfrentará algumas provações para pagar o preço desse pecado.

Dessa maneira, se você ama a Deus e aos outros, você deve praticar o domínio próprio com cada palavra que diz, para que aquilo que você fale traga graça e bênçãos a todos que o ouvem.

Por mais que esteja ensinando alguém na verdade, você deve sempre ser sensível e examinar se aquilo que está dizendo está fazendo o outro sentir-se acusado ou com peso no coração, ou se está dando-lhe esperança e força para aplicar o ensinamento em sua vida; para que todos, sobre o que você ministrar, possam caminhar na gloriosa estrada da vida em Cristo Jesus.

O Assassinato Espiritual de Odiar Um Irmão

O segundo tipo de assassinato espiritual é odiar um irmão ou irmã em Cristo.

Está escrito em 1 João 3:15: *"Quem odeia seu irmão é assassino, e vocês sabem que nenhum assassino tem a vida eterna em si mesmo."*

Isso é porque basicamente, a raiz do assassinato é o ódio. Inicialmente, a pessoa pode odiar alguém em seu coração. Mas depois, quando aquele ódio cresce, ele pode fazer com que quem o sente faça algo de mal contra o outro, e, no fim, pode acabar até em assassinato. No caso de Caim, tudo começou quando ele começou a odiar seu irmão Abel.

É por isso que Mateus 5:21-22 diz: *"Vocês ouviram o que foi dito aos seus antepassados: 'Não matarás', e 'quem matar estará sujeito a julgamento.' Mas eu lhes digo que qualquer que se irar contra seu irmão estará sujeito a julgamento.*

Também, qualquer que disser a seu irmão: 'Racá', será levado ao tribunal. E qualquer que disser: 'Louco!', corre o risco de ir para o fogo do inferno." Quando uma pessoa odeia outras pessoas em seu coração, sua raiva pode fazer com que ela brigue com elas. Se algo bom acontece à pessoa a quem ela odeia, ela sente inveja e pode julgá-la e condená-la e espalhar coisas sobre suas fraquezas. Ela pode enganá-la e causar-lhe dano, ou tornar-se sua inimiga. Odiar alguém e agir com maldade para com o outro são exemplos de assassinato espiritual.

Nos tempos do Velho Testamento, como Deus ainda não tinha enviado o Espírito Santo, não era fácil para as pessoas serem circuncisas de coração e santas. Agora nos tempos do Novo Testamento, todavia, uma vez que podemos receber o Espírito Santo em nossos corações, Ele nos dá poder para nos livrarmos até mesmo das nossas mais profundas naturezas pecaminosas.

Pertencendo à Trindade, o Espírito Santo é como uma mãe cautelosa e informada que nos ensina sobre o coração do Pai. O Espírito Santo nos ensina sobre o pecado, a justiça e o juízo e, portanto, nos ajuda a viver na verdade. É por isso que podemos nos despojar até mesmo da mera imagem do pecado.

É essa a razão pela qual Deus não apenas diz aos Seus filhos para nunca cometerem o assassinato físico, mas também para nos livrarmos das raízes de ódio dos nossos corações. Só quando conseguirmos jogar fora toda maldade dos nossos corações e enchê-los de amor é que conseguiremos verdadeiramente habitar no amor de Deus e desfrutar da evidência do Seu amor (1 João 4:11-12).

Quando amamos a alguém, não vemos suas falhas. E se por acaso a pessoa amada tem alguma fraqueza, temos compreensão para com ela e um coração esperançoso que a encoraja e dá forças para mudar. Quando éramos ainda pecadores, Deus nos deu esse tipo de amor, para que pudéssemos ser salvos e ir para o céu.

Assim, devemos não apenas obedecer ao Seu mandamento: "Não matarás", mas também amar todas as pessoas – até os nossos inimigos – com o amor de Cristo, recebendo as bênçãos de Deus o tempo todo. No fim, entraremos no lugar mais lindo do céu e habitaremos no amor de Deus por toda eternidade.

Capítulo 8
O Sétimo Mandamento

"Não Adulterarás"

Êxodo 20:14

"Não Adulterarás."

O Monte Versúvio, localizado no sul da Itália, era um vulcão ativo que só cuspia fumaça de vez em quando e, por sinal, as pessoas achavam que formava o lindo cenário de Pompeia.

No dia 24 de agosto, em 79 D.C, por volta do meio dia, enquanto tremores de terra ficavam cada vez mais fortes, um cogumelo de fumaça saiu do Monte Versúvio e bloqueou todo o céu de Pompeia. Com uma grande explosão, o topo da montanha se abriu e rocha derretida e cinzas começaram a escorrer na terra. Em minutos, inúmeras pessoas morreram, enquanto sobreviventes corriam para o oceano para se salvar. Mas então o pior aconteceu: o vento ficou forte e soprou contra o mar. Calor e gás tóxico envolveram os cidadãos de Pompeia que, embora tendo fugido para o oceano para sobreviver à erupção, foram sufocados.

Pompeia era uma cidade agitada cheia de ídolos e lascívia. Seu último dia nos lembra as cidades de Sodoma e Gomorra da Bíblia, que experimentaram o julgamento de Deus, com fogo. O destino dessas cidades é um claro lembrete de como Deus detesta corações com luxúria e idolatria. Isso está claramente expresso nos Dez Mandamentos.

"Não Adulterarás"

Adultério é a interação sexual entre um homem e uma

mulher que não são casados. Há muito tempo, o adultério era um ato considerado extremamente imoral. Mas, e hoje? Com o desenvolvimento da informática e da Internet, adultos e até mesmo crianças, têm acesso a materiais pornográficos na ponta dos dedos.

A ética sobre o sexo na sociedade de hoje está tão deteriorada que imagens sensuais ou obscenas são mostradas na televisão, filmes e até em desenhos animados para crianças. Além disso, a ousada exposição do corpo tem se espalhado facilmente em tendências da moda. Como resultado, o entendimento errado sobre o sexo também tem se espalhado rapidamente.

Para chegarmos à verdade dessa questão, vamos estudar o significado do sétimo mandamento, "Não adulterarás", em três partes.

Adultério em Ação

O senso de valores morais das pessoas hoje está pior do que nunca; tanto que em filmes e novelas, o adultério é geralmente colocado como um lindo tipo de amor. Hoje em dia, homens e mulheres não casados dão facilmente seus corpos um ao outro e têm até a relação sexual pré-casamento pensando, "tá tudo bem, pois vamos nos casar." Até homens e mulheres casados professam ter relacionamentos com outra pessoa que não seu esposo (a). E, para piorar, a idade na qual as pessoas têm sua primeira experiência sexual só tem diminuído.

Se você olhar para as leis que existiam quando os Dez Mandamentos foram dados a Moisés, as pessoas que cometiam o ato do adultério eram punidas severamente. Embora Deus seja amor, o adultério é um pecado sério e inaceitável; e é por isso que Ele o proíbe claramente.

Levítico 20:19 diz: *"Não se envolva sexualmente com a irmã de sua mãe, nem com a irmã de seu pai; pois quem se envolver sexualmente com uma parenta próxima sofrerá as consequências da sua iniquidade."* E nos tempos do Novo Testamento, o ato de adultério é considerado um pecado que destrói o corpo e a alma e impede a salvação de quem o comete.

"Vocês não sabem que os perversos não herdarão o Reino de Deus? Não se deixem enganar: nem imorais, nem idólatras, nem adúlteros, nem homossexuais passivos ou ativos, nem ladrões, nem avarentos, nem alcoólatras, nem caluniadores, nem trapaceiros herdarão o Reino de Deus" (1 Coríntios 6:9-10).

Se um recém-convertido comete esse pecado por ignorância da verdade, ele pode receber a graça de Deus e ganhar uma oportunidade para se arrepender de seus pecados. Mas se alguém que deveria ser um crente espiritualmente maduro, com consciência da verdade de Deus, continua cometendo esse pecado, ficaria difícil até de ele receber o espírito de arrependimento.

Levítico 20:13-16 fala sobre o pecado de ter relações homossexuais e relações sexuais com animais. Nos dias da era em que estamos, existem países que aceitam legalmente relacionamentos homossexuais. Contudo, isso é abominação diante de Deus. Algumas pessoas podem reagir dizendo: "os tempos mudaram", mas por mais que os tempos mudem, e não importa o tanto que o mundo mude, a palavra de Deus, que é a verdade, nunca mudará. Portanto, quando se é filho de Deus, jamais se deve sujar-se com tendências desse mundo.

Adultério na Mente

Quando Deus fala sobre adultério, Ele não fala apenas do ato de cometer adultério. O adultério em ação é um claro caso de adultério, mas ter prazer em imaginar ou assistir a atos imorais também se encaixa nessa categoria.

Pensamentos de lascívia fazem com que a pessoa tenha um coração cheio de lascívia; e isso é que é cometer adultério no coração. Por mais que a pessoa não faça nada em ações, se, por exemplo, um homem vê uma mulher e a deseja em seu coração, Deus, que vê o centro de todos os corações, considera aquilo como o mesmo que cometer adultério fisicamente.

Em Mateus 5:27-28 lemos: *"Vocês ouviram o que foi dito:*

'Não adulterarás.' Mas eu lhes digo: Qualquer que olhar para uma mulher para desejá-la, já cometeu adultério com ela no seu coração." Depois que um pensamento pecaminoso entra na mente de uma pessoa, ele move o seu coração e então é expresso em ações. Uma pessoa começa a fazer coisas para prejudicar uma outra só depois de deixar o ódio entrar em seu coração. Para alguém irar-se e amaldiçoar as coisas, é preciso primeiro que a ira entre em seu coração.

Semelhantemente, quando uma pessoa tem desejos de lascívia em seu coração, eles podem facilmente se transformar em adultério físico. Mesmo não sendo aparente, se alguém comete adultério em seu coração, ele já adulterou, pois a raiz do pecado é a mesma.

Um dia, durante meu primeiro ano de seminário, fiquei muito chocado ao ouvir um grupo de pastores conversando. Até aquele momento, eu havia sempre amado e respeitado os pastores e os tratava como trato o Senhor. Mas no fim de uma discussão bem aquecida, eles chegaram à conclusão de que "desde que não seja deliberado, o adultério no coração não é um pecado."

Quando Deus nos deu o mandamento: "Não adulterarás", Ele não o fez porque sabia que poderíamos obedecer a ele. Uma vez que Jesus disse: *"Qualquer que olhar para uma mulher para desejá-la, já cometeu adultério com ela no seu coração"*, devemos simplesmente nos livrar dos nossos desejos de lascívia. Não há mais nada para ser dito. Sim, pode ser difícil fazer isso com nossa força humana, mas com jejum e oração, podemos receber força de Deus para facilmente nos livrar da lascívia dos nossos corações.

Jesus usou a coroa de espinhos e derramou o Seu sangue para lavar os pecados que cometemos com nossas mentes e pensamentos. Deus nos enviou o Espírito Santo, para que nós também possamos nos livrar das naturezas pecaminosas do coração. Então, o que especificamente podemos fazer para nos despojar da lascívia dos nossos corações?

As Fases do Processo de Despojo da Lascívia dos Nossos Corações

Digamos que, por exemplo, uma linda mulher ou um lindo rapaz passe perto de você e você pense: "Uau, ela/ele é bonito (a)", "Gostaria de sair com ele (a)" ou "Gostaria de namorá-lo (a)." Poucas pessoas considerariam esses pensamentos como adúlteros ou de lascívia. No entanto, se alguém fala essas palavras e realmente quer dizê-las, então isso é sinal de lascívia. A fim de nos despojarmos até mesmo dessas pequenas indicações de lascívia, devemos passar pelo processo em que lutamos diligentemente contra o pecado.

Geralmente, quanto mais você tenta não pensar em uma coisa, mais ela aparece em sua mente. Depois de ver a imagem de um homem e uma mulher cometendo um ato imoral em algum filme, a imagem não sai da sua cabeça, mas fica passando em sua mente de novo e de novo. Quanto maior o grau de força que tal imagem foi impressa em seu coração, mais tempo ela tende a ficar em sua memória.

Então, o que podemos fazer para tirar esses pensamentos de lascívia da nossa mente? Em primeiro lugar, devemos nos esforçar para evitar jogos, revistas, ou coisas do tipo, que têm imagens que nos tentam a ter pensamentos de lascívia. E caso um pensamento de lascívia entre em sua mente, você deve combatê-lo. Ao invés de deixá-lo livre, você deve tentar parar com ele imediatamente.

Então, à medida que você substitui esses tipos de pensamentos por bons pensamentos, orando continuamente, pedindo pela ajuda de Deus, Ele certamente lhe dará força para combater esses tipos de tentações. Se você estiver disposto e orando com paixão, a graça e o poder de Deus virão sobre você e, com a ajuda do Espírito Santo, você conseguirá se livrar desses pensamentos pecaminosos.

Mas o importante é lembrar que você não deve parar depois de uma ou duas tentativas. Você deve continuar orando com fé até o fim. Você pode levar um mês, um ano, ou até dois ou três anos. Contudo, independente do tempo que levar, você deve sempre confiar em Deus e orar continuamente. Então Ele lhe dará forças para um dia derrotar e jogar fora toda a lascívia do seu coração de uma vez por todas.

Depois de passar pela fase em que você pode "Parar os Pensamentos Errados", você então terá de entrar na fase em que pode "Controlar o Seu Coração." Nessa fase, mesmo se vir uma imagem de lascívia, se decidir em seu coração, "É melhor eu não pensar sobre isso", o pensamento não volta à sua mente. O adultério no coração vem com uma combinação de pensamentos e sentimentos, e, se você consegue controlá-los, então os pecados que vêm deles não terão como entrar em seu coração.

A próxima fase é a que "Pensamentos Impróprios Simplesmente Não Vêm" mais. Mesmo que você veja uma imagem de lascívia, sua mente não é influenciada por ela, e, assim, a lascívia não pode entrar em seu coração. Depois dessa fase, vem a fase em que "Você Não Consegue Sequer Ter Pensamentos Impróprios Deliberadamente."

Ao chegar nessa fase, mesmo se você tentar ter pensamentos de lascívia, eles não virão. Como você já arrancou tal pecado pela raiz, mesmo se você vir uma imagem que incite a lascívia, você não terá pensamentos ou sentimentos com sua influência. Isso significa que imagens que não têm verdade – ou imagens profanas – não podem mais penetrar a sua mente.

É claro que, enquanto se passa pelas fases de despojo desse pecado, pode haver momentos em que você pense que já se livrou de tudo, quando, de repente, o pecado vem novamente.

Mas se você crer na palavra de Deus e tiver o desejo de obedecer aos Seus mandamentos e se livrar do pecado, não ficará estagnado na sua caminhada de fé. É como descascar uma cebola. Quando você tira uma ou duas camadas, pode parecer que elas são intermináveis, mas depois de apenas algumas camadas, você percebe que já arrancou todas elas. Crentes que olham para si com fé não ficam desapontados pensando: "Tentei tanto, mas ainda não consegui me livrar dessa natureza pecaminosa." Pelo contrário, eles devem ter fé de que eles vão mudar, à medida que tentam se despojar dos pecados, e assim, lutar ainda mais. Se você vir que ainda tem esse tipo de natureza pecaminosa, seja grato, pois agora tem a oportunidade de livrar-se dela.

Se, enquanto passando pelas fases de despojo da lascívia da sua vida, um pensamento de lascívia entrar em sua mente por um segundo, não se preocupe. Deus não considerará isso como adultério. Agora, se você habitar em tal pensamento e deixá-lo progredir, então ele se tornará um grande pecado. Se, no entanto, você se arrepender logo e continuar com seus esforços para se santificar, Deus olhará com graça para você e lhe dará poder para obter vitória sobre esse pecado.

Cometendo Adultério Espiritual

Cometer adultério com o corpo é interpretado como adulterar na carne, mas algo ainda mais sério que isso é cometer o adultério espiritual. O "adultério espiritual" é quando a pessoa

diz ser crente, mas, mesmo assim, ama o mundo mais do que a
Deus. Se você pensar sobre isso, a razão fundamental de uma
pessoa cometer o adultério físico é porque ela tem maior amor
por prazeres carnais do que amor por Deus em seu coração.

Colossenses 3:5-6 diz: *"Assim, façam morrer tudo o que
pertence à natureza terrena de vocês: imoralidade sexual,
impureza, paixão, desejos maus e a ganância, que é idolatria.
É por causa dessas coisas que vem a ira de Deus sobre os que
vivem na desobediência."* Isso quer dizer que, mesmo recebendo
o Espírito Santo, experimentando os milagres de Deus e tendo fé,
se não nos livrarmos das ganâncias e dos maus desejos dos nossos
corações, estaremos propícios a amar as coisas do mundo mais do
que a Deus.

Aprendemos, com o segundo mandamento, que a
interpretação espiritual de idolatria é amar algo mais do que
a Deus. Então, qual é a diferença entre "idolatria espiritual" e
"adultério espiritual"?

Idolatria é quando pessoas que não amam a Deus criam
algum tipo de imagem e a adoram. A interpretação espiritual de
"idolatria" é quando crentes, com uma fé fraca, amam as coisas
mundanas mais do que a Deus.

Pelo fato de alguns novos crentes ainda terem uma fé fraca,
é possível que eles amem o mundo mais do que a Deus. Eles

podem ter questões como, "Deus existe mesmo?" ou "O céu e o inferno realmente existem?" Uma vez que eles ainda duvidam, é difícil para eles viverem segundo a palavra. Eles ainda podem amar o dinheiro, a fama, ou suas famílias mais do que a Deus, e, portanto, cometer idolatria espiritual.

Entretanto, à medida que eles escutam a palavra cada vez mais e têm experiências de Deus respondendo suas orações, eles começam a ver que a Bíblia é verdade. Então eles conseguem acreditar na existência do céu e do inferno e, consequentemente, entendem a razão pela qual eles verdadeiramente precisam amar a Deus em primeiro lugar e mais do que a tudo. Se sua fé cresce até esse ponto e eles ainda continuam a amar e buscar coisas desse mundo, então eles estão cometendo "adultério espiritual."

Digamos, por exemplo, que um homem tivesse um simples pensamento: "Seria legal casar-me com uma mulher" e tal mulher se casasse com outro homem fizesse. Nesse caso, ela não estaria cometendo adultério. Uma vez que o homem com o pensamento desejoso tinha apenas uma caída pela mulher, ela não teve nenhum relacionamento com ele e assim, não podemos dizer que ela adulterou. Para sermos mais exatos, a mulher era apenas um ídolo no coração daquele homem.

Se, por outro lado, o homem e a mulher tivessem namorado um ao outro, confirmado seu amor um pelo outro, e se casado; e se ela então tivesse tido algum relacionamento imoral com outro homem, isso sim seria considerado adultério. Dessa maneira, você pode ver que idolatria espiritual e cometer adultério espiritual são aparentemente a mesma coisa, mas são diferentes na verdade.

O Relacionamento Entre Deus e os Israelitas

A Bíblia compara o relacionamento entre os israelitas e Deus ao relacionamento de um pai e seus filhos; mas também ao de um marido e sua esposa, pois são como um casal que fez uma aliança de amor. No entanto, se você olhar a história de Israel, foram muitas as vezes em que o povo de Israel se esqueceu dessa aliança e adorou a outros deuses.

Os gentios adoravam a ídolos porque não conheciam a Deus, mas os israelitas, mesmo O conhecendo tão bem desde o começo, adoraram a outros deuses com seus desejos egoístas.

É por isso que 1 Crônicas 5:25 diz: *"Mas foram infiéis para com o Deus dos seus antepassados e se prostituíram, seguindo os deuses dos povos que Deus tinha destruído diante deles"*, mostrando que a idolatria dos israelitas era, de fato, adultério espiritual.

Jeremias 3:8 diz: *"Viu também que dei à infiel Israel uma certidão de divórcio e a mandei embora, por causa de todos os seus adultérios. Entretanto, a sua irmã Judá, a traidora, também se prostituiu, sem temor algum."* Como resultado do pecado de Salomão, durante o reinado de seu filho Roboão,

Israel se dividiu entre Israel (Norte) e Judá (Sul). Pouco tempo depois dessa divisão, Israel cometeu adultério espiritual adorando a ídolos e, como resultado, foi repudiado e destruído pela ira de Deus. Então, Judá, ao ver tudo isso acontecer a Israel, em vez de arrepender-se, eles também continuaram com a prática da idolatria.

Todos os filhos de Deus que vivem agora nos tempos do Novo Testamento são noivas de Jesus Cristo. É por isso que o apóstolo Paulo confessou que, em se tratando de encontrar-se com o Senhor, ele faria de tudo para preparar os crentes para se apresentarem como noivas puras a Ele, seu esposo (2 Coríntios 11:2).

Dessa forma, quando um crente chama o Senhor de "Meu Noivo" ao mesmo tempo que ama o mundo e vive longe da verdade, ele está cometendo adultério espiritual (Tiago 4:4). Se um marido ou esposa trai seu cônjuge e adultera fisicamente, é um pecado terrível e difícil de perdoar. Se alguém trai o Senhor e adultera espiritualmente, quanto pior isso será?

Em Jeremias capítulo 11, podemos ver Deus falando para Jeremias não orar por Israel, pois o seu povo recusara-se a parar de cometer adultério espiritual. Ele inclusive continua e diz que ainda que o povo de Israel clame a Ele, Ele não o ouviria.

Se a severidade do adultério espiritual alcança um certo ponto, a pessoa que o comete não conseguirá mais ouvir a voz do

Espírito Santo; e não importa o tanto que orar, sua oração não será respondida. Quando uma pessoa vai se afastando de Deus, ela fica mais mundana, e, no fim, acaba cometendo sérios pecados que levam à morte – pecados como o adultério físico. Como registrado em Hebreus, capítulo 6 ou 10, isso é como crucificar Jesus Cristo de novo, e, portanto, andar por um caminho de morte.

Assim, que possamos nos livrar dos pecados de adultério no espírito, mente e/ou corpo; e, com uma conduta santa, cumprir as qualificações para sermos noivas do Senhor – sem mancha nem mácula – tendo vidas que tragam alegria ao coração do Pai.

Capítulo 9
O Oitavo Mandamento

"Não Furtarás"

Êxodo 20:15

"Não Furtarás."

A obediência aos Dez Mandamentos afeta diretamente a nossa salvação e nossa habilidade de vencer, conquistar e governar sobre o poder de Satanás. Para os israelitas, obedecer ou desobedecer aos Dez Mandamentos determinava se eles eram ou não pessoas escolhidas de Deus.

Semelhantemente, para nós que nos tornamos filhos de Deus, a obediência ou não à Sua palavra determina se seremos ou não salvos. Isso é porque nossa obediência às ordens de Deus cria um padrão para a nossa fé. A obediência aos Dez Mandamentos está, pois, amarrada à nossa salvação, e esses mandamentos também são a provisão de Deus de amor e bênçãos para nós.

"Não Furtarás"

Existe um velho ditado coreano que diz: "Ladrão de agulha vira ladrão de vaca"; que quer dizer que, quando a pessoa comete um crime minúsculo e não é punido, e continua repetindo aquela ação negativa, em pouco tempo essa pessoa pode acabar cometendo um crime mais sério com consequências grandes e ruins. É por isso que Deus nos adverte: "Não furtarás."

Esse é um relato de um homem chamado Fu Pu-ch'i, que era chamado de "Tsze-tsien" ou "Tzu-chien" e um dos discípulos de Confúcio, e comandante do Tan-fu, do reino de Lu durante o Chunqiu (Primavera e Outono) Período dos Reinos

Combatentes na China. Havia rumores de que os soldados do Reino vizinho, Qi, iam atacar, e Fu Pu-Ch'i ordenou que os muros do reino fossem completamente fechados. Era tempo de colheita e as plantações estavam prontas para ser colhidas. O povo perguntou: "Antes de fechar os muros, podemos fazer a colheita, antes de o inimigo chegar?" Desconsiderando o pedido do povo, Fu Pu-ch'i mandou fechar os muros. Então o povo, infeliz com o comandante, começou a dizer que ele estava a favor do inimigo, e este foi convocado pelo rei para um interrogatório. Quando o rei o questionou sobre suas atitudes, Fu Pu-ch'i respondeu: "Sim, será um grande prejuízo para nós, se nossos inimigos tomarem as plantações, mas se o nosso povo, em precipitação, criar o hábito de colher em campos que não são seus, será difícil quebrar seu hábito, mesmo depois de dez anos." Com essa frase, Fu Pu-ch'I ganhou o respeito e a admiração do rei.

Fu Pu-ch'i poderia ter deixado o povo fazer a colheita como haviam pedido, mas se eles aprendessem de alguma forma justificar sua ação de roubar o campo de outra pessoa, as consequências, a longo prazo, poderiam ser mais prejudiciais ao seu povo e reino. Logo, "roubar" ou "furtar" significa manusear ou controlar algo da maneira errada com uma motivação errada; tomar posse de algo que não nos pertence; ou possuir algo que é de propriedade de outra pessoa, sem ela saber.

Mas o "furtar" que Deus está falando também tem um

significado mais profundo e amplo espiritualmente. Então, o que está incorporado na palavra "furtar" no oitavo mandamento?

Tomar os Pertences de Alguém: a Definição Física de Furtar

A Bíblia proíbe especificamente o ato do furto, e traça regras específicas sobre o que deve ser feito quando alguém o comete (Êxodo 22).

Se um animal roubado é encontrado vivo sob a posse do ladrão, o ladrão deve pagar ao proprietário duas vezes mais do que ele roubou. Se um homem rouba o animal e o vende ou abate, ele deve pagar ao proprietário cinco bois pelo boi ou quatro ovelhas pela ovelha roubada. Por menor que seja a coisa, tomar o pertence de alguém é furtar, o que até a sociedade considera um crime para o qual existem punições específicas.

Além dos casos óbvios de roubo, existem os casos em que as pessoas podem furtar algo ao serem negligentes. Por exemplo, no nosso dia-a-dia, podemos estar com o hábito de usar coisas dos outros, sem nos importar direito e sem perguntar-lhes se podemos. Podemos até não nos sentir culpados ao usar algo sem permissão, porque, ou sejamos chegados demais ao dono, ou o item usado não é grandes coisas.

É o mesmo caso, quando usamos as coisas do nosso cônjuge

sem permissão. Mesmo numa situação inevitável, se usarmos as coisas de outra pessoa sem sua permissão, devemos devolvê-las, assim que acabarmos de utilizá-las. Contudo, muitas vezes não as devolvemos.

Isso não apenas causa prejuízo a outra pessoa; mas é também um ato de desrespeito a ela. Embora possa não ser considerado um crime sério, segundo as leis da sociedade, isso é considerado furto aos olhos de Deus. Se a pessoa tiver uma consciência realmente limpa e pega algo de alguém sem sua permissão – não importa qual pequeno ou insignificante seja – ela se sente culpada.

Mesmo se não roubarmos ou tomarmos algo de alguém à força, se nos apossarmos dos pertences de alguém de maneira inapropriada, isso continua sendo roubo. Usar a posição, o poder ou subornar também se encaixa nessa categoria. Êxodo 23:8 adverte: *"Não aceite suborno, pois o suborno cega até os que têm discernimento e prejudica a causa do justo."*

Vendedores com um bom coração sentem-se culpados, quando vendem algo por um preço bem mais alto ou estornam mais lucro para si. Apesar de não terem furtado alguém em secreto, esse ato ainda é considerado furto, pois tomaram para si mais do que o justo.

O Furto Espiritual: Tomando o Que Pertence a Deus

Além do "furto" em que você toma algo de uma pessoa sem a sua permissão, há também o "furto espiritual", em que você toma algo de Deus sem Sua permissão. Isso pode, na verdade, afetar até na salvação da pessoa.

Judas Iscariotes, um dos discípulos de Jesus, era encarregado de gerenciar todas as ofertas que as pessoas davam ao serem curadas ou abençoadas por Jesus. Mas, com o passar do tempo, a ganância entrou em seu coração e ele começou a roubar (João 12:6).

Em João, capítulo 12, quando Jesus visita a casa de Simão em Betânia, vemos uma ocasião em que uma mulher vem e derrama perfume em Jesus. Ao ver isso, Judas faz uma objeção, perguntando por que aquele perfume não fora vendido e o dinheiro dado aos pobres. Se o caro perfume tivesse sido vendido, então ele, que ficava com a bolsa de dinheiro, podia ter se servido com o dinheiro. Mas como ele foi derramado nos pés de Jesus, para ele um item tão lucrativo estava sendo desperdiçado.

No fim, Judas, que se tornou escravo do dinheiro, vendeu Jesus por trinta moedas de prata. Apesar de ter tido a oportunidade de receber a glória de ser chamado um dos discípulos de Jesus, ele roubou de Deus e vendeu seu mestre, empilhando seus pecados. Infelizmente, ele não pôde sequer receber o espírito do arrependimento, antes de tirar sua própria vida e ter um fim miserável (Atos 1:18).

É por isso que precisamos dar uma olhada mais detalhada para o que acontece, quando alguém rouba de Deus.

O Primeiro Caso é Se Alguém Põe as Mãos no Tesouro da Igreja.

Mesmo se o ladrão não for crente, se ele rouba de uma igreja, ele sente um tipo de temor em seu coração. Mas se um crente põe a mão no dinheiro de Deus, como pode dizer que tem fé para ser salvo?

Mesmo que o homem jamais descubra, Deus vê todas as coisas, e quando chegar o tempo, Ele julgará com justiça e o ladrão terá de pagar pelo seu pecado. Se o ladrão não se arrepender e morrer sem ser salvo, quão terrível isso será? Se isso acontecer, não importa o tanto que ele bater em seu peito e se arrepender de suas ações – será tarde demais. Ele jamais deveria ter tocado no dinheiro de Deus.

O Segundo Caso é Quando a Pessoa Abusa dos Pertences da Igreja ou Utiliza Mal o Seu Dinheiro.

Ainda que alguém não roube ofertas diretamente, se a pessoa usa o dinheiro coletado para grupos missionários, taxas de membros, ou outras doações para propósitos pessoais, é o mesmo que roubar de Deus. E também é considerado roubo se a pessoa compra material de escritório ou papelaria com o dinheiro da igreja e usa para suas necessidades pessoais. Desperdiçar suprimentos da igreja, usar seus fundos para comprar suprimentos e o troco para outros propósitos, ao invés de devolvê-lo à igreja; ou usar o telefone, eletricidade, equipamentos, mobília e outras coisas da igreja para propósitos pessoais sem discernimento também são formas de utilizar mal o dinheiro da igreja.

Devemos também ter certeza de que nossos filhos não dobrem ou rasguem os envelopes de oferta, os boletins da igreja ou os informativos por diversão. Algumas pessoas podem pensar que essas são coisas pequenas demais, mas, espiritualmente, são basicamente roubar de Deus – ações assim podem se tornar uma barreira entre nós e Ele.

O Terceiro Caso é Roubar os Dízimos e as Ofertas.

Malaquias 3:8-9 diz: *"Pode um homem roubar de Deus? Contudo vocês estão me roubando. E ainda perguntam: 'Como é que te roubamos?' Nos dízimos e nas ofertas. Vocês estão debaixo de grande maldição, porque estão me roubando; a nação toda está me roubando."*

Pagar dízimo é dar a Deus dez por cento daquilo que ganhamos, como prova de que entendemos que Ele é o Mestre de todas as coisas materiais e supervisiona todas as nossas vidas. É por isso que quando dizemos que cremos em Deus, mas não damos os dízimos, estamos roubando Dele, e uma maldição virá sobre nossas vidas. Isso significa que quando Satanás nos acusa de um erro, Deus não pode nos proteger, pois, na verdade, nós estamos violando uma lei espiritual de Deus. Portanto, podemos passar por problemas financeiros, tentações, desastres ou doenças repentinos.

Mas Malaquias 3:10 diz: *"Tragam o dízimo todo ao depósito do templo, para que haja alimento em minha casa. Ponham-me à prova", diz o SENHOR dos Exércitos, "e vejam se não vou abrir as comportas dos céus e derramar sobre vocês tantas bênçãos que nem terão onde guardá-las."* Quando damos o dízimo, podemos receber a proteção e as bênçãos prometidas de Deus.

Existem, pois, pessoas que não têm a proteção de Deus, porque não dão todo o dízimo. Sem considerar outras fontes de sua renda, elas calculam seus dízimos em seu salário líquido em vez do bruto, e depois de subtrair todas as deduções e impostos.

No entanto, pagar dízimo corretamente é dar a Deus dez por cento da nossa renda total. A renda vinda de negócios à parte, presentes monetários, convites para jantares, ou outros presentes são coisas das quais também devemos tirar os 10% para Deus.

Em alguns casos, as pessoas calculam seus dízimos, mas o oferecem a Deus como um tipo diferente de oferta como para missões ou simples ofertas. Mas isso ainda é considerado roubar de Deus, pois não é dar dízimo corretamente. Como a igreja usa as ofertas é assunto que cabe ao departamento financeiro da igreja. O que cabe a nós é dar o dízimo com o título correto.

Nós também podemos dar outras ofertas, como a de ações de graça, por exemplo. Os filhos de Deus têm muitos motivos para ser gratos. Com o dom da salvação, podemos ir para o céu. Com diferentes deveres na igreja podemos ganhar recompensas no reino celestial e, enquanto vivemos na terra, podemos receber a proteção e a bênção de Deus o tempo todo – como devemos ser gratos!

É por isso que todo domingo vamos para diante de Deus com várias ofertas de ações de graças agradecendo-Lhe por ter-nos protegido por mais uma semana. Nas festividades bíblicas ou ocasiões em que temos um motivo especial para agradecer a Deus, separamos uma oferta para Ele.

Em nosso relacionamento com outras pessoas, quando alguém nos ajuda ou nos serve de maneira especial, não nos sentimos meramente gratos em nossos corações; queremos oferecer algo em troca àquela pessoa. Da mesma forma, desejamos oferecer a Deus algo para mostrar a nossa apreciação pela salvação e por Ele ter preparado o céu para nós (Mateus 6:21).

Se alguém diz que tem fé e ainda assim é pão-duro para dar as coisas a Deus, significa que a pessoa ainda tem ganância por coisas materiais. Isso mostra que ela ama mais tais coisas do que a Deus. É por isso que Mateus 6:24 diz: *"Ninguém pode servir a dois senhores; pois odiará um e amará o outro, ou se dedicará a um e desprezará o outro. Vocês não podem servir a Deus e ao Dinheiro."*

Se formos cristãos maduros e ainda assim amarmos coisas materiais mais do que a Deus, é muito mais fácil escorregarmos na fé do que seguirmos adiante. A graça que recebemos outrora vira apenas lembrança, razões para sermos gratos encolhem e, quando menos esperamos, nossa fé chega a um ponto em que nossa salvação está em risco.

Deus se alegra com o aroma de uma oferta de verdadeira ação de graça e fé. Todos têm uma medida de fé diferente, e Deus conhece a situação de cada pessoa, vendo o coração de cada uma. Assim, o importante não é o quanto oferecemos a Ele. Lembre-se de que Jesus elogiou a viúva que ofereceu duas pequenas moedas de cobre que eram tudo que ela tinha para viver (Lucas 21:2-4).

Quando agradamos a Deus desta forma, Ele nos abençoa com tantas bênçãos e motivos de gratidão que as ofertas que damos são incomparáveis às bênçãos que recebemos dele. Deus se assegura de que a nossa alma está próspera e nos abençoa para que nossas vidas transbordem de motivos para sermos gratos. Ele nos abençoa a trinta, sessenta e cem vezes por um oferta que Lhe damos.

Depois que aceitei a Cristo, assim que aprendi que deverei dar os dízimos e ofertas devidas a Deus, comecei a obedecer imediatamente. Tinha acumulado muitas dívidas durante os sete anos por que passei doente, mas por estar muito grato a Deus por Ele ter curado as minhas enfermidades, sempre Lhe ofertei o máximo que podia. Embora eu e minha esposa trabalhássemos, mal conseguíamos pagar os juros das nossas dívidas. No entanto, nunca fomos para um culto de mãos vazias.

Ao crer no Deus onipotente e obedecer às Suas palavras, Ele nos ajudou a pagar nossa pesada dívida em apenas alguns meses. Ainda por cima, depois pudemos ver Deus derramando bênçãos sem fim sobre nós, para que pudéssemos viver em plenitude.

O Quarto Caso é Roubar as Palavras de Deus.

Roubar a palavra de Deus é fazer uma falsa profecia em Seu nome (Jeremias 23:20-32). Por exemplo, existem pessoas que roubam as palavras de Deus dizendo, como adivinhos, que ouviram Sua voz sobre o futuro; ou falando para alguém que não consegue ir bem nos negócios; que "foi Deus quem fez aquilo, porque era para a pessoa ser pastor e não um comerciante."

Outra coisa que é considerada como roubar as palavras de Deus é quando a pessoa tem um sonho ou visão derivados dos seus próprios pensamentos e diz: "Deus me deu esse sonho", ou "Deus me deu essa visão." Além do mais, isso ainda se encaixa na categoria de usar o nome de Deus em vão.

É óbvio que entender a vontade de Deus através da obra do Espírito Santo e proclamar a Sua vontade é bom, mas a fim de fazer essas coisas da maneira certa, precisamos checar se estamos aceitáveis diante Dele. Isso é porque Deus não vai falar simplesmente com qualquer um. Ele só pode falar com aqueles que não têm maldade em seus corações. É por isso que precisamos nos assegurar de que não estamos roubando as palavras de Deus nem nas mínimas coisas, enquanto imergidos em nossos próprios pensamentos.

Além disso tudo, se por acaso sentirmos peso na consciência, vergonha ou constrangimento, então é sinal de que devemos re-avaliar a nós mesmos. A razão pela qual ficamos com a consciência pesada é porque talvez possamos estar pegando algo que não nos pertence por causa dos nossos motivos egoístas, e o Espírito Santo dentro de nós está triste.

Por exemplo, mesmo que não roubemos um objeto; se recebemos algum salário depois de trabalhar desleixadamente, ou se recebemos um dever ou tarefa na igreja, mas não cumprimos com nossas responsabilidades, nossa consciência pesará, se tivermos um bom coração.

Ademais, se uma pessoa dedicada a Deus desperdiça o tempo que é separado para Ele e causa uma perda de tempo ao reino de Deus, ela está roubando tempo de Deus. Não apenas com Deus, mas também no trabalho ou em coisas mais informais, precisamos estar certos de que somos pontuais, para que não causemos perda de tempo para ninguém.

Logo, devemos sempre examinar a nós mesmos para assegurar que não estamos cometendo o pecado do furto de maneira alguma, e livrarmo-nos de todo egoísmo e ganância que há em nossos corações. Devemos, com uma consciência limpa, sempre lutar para ter corações sinceros e verdadeiros diante de Deus.

Capítulo 10

O N o n o M a n d a m e n t o

"Não Darás Falso Testemunho Contra o Teu Próximo"

Êxodo 20:16

"Não Darás Falso Testemunho Contra o Teu Próximo."

Foi na noite em que Jesus foi preso. Enquanto Pedro estava sentado no pátio onde Jesus havia sido questionado, uma criada lhe falou: "Você também estava com Jesus, o galileu." Diante disso, surpreso ele replicou: "Não sei do que está falando" (Mateus 26). Pedro não negou Jesus de verdade do fundo do seu coração – ele estava mentindo devido a um medo repentino que sentiu. Logo depois desse incidente, ele saiu do local onde estava e, com a cabeça no chão, chorou amargamente. Então, quando Jesus carregava a cruz para Gólgota, Pedro só conseguia segui-Lo de longe, com vergonha de levantar a cabeça.

Embora tudo isso tenha acontecido antes de Pedro receber o Espírito Santo, por causa da sua mentira, ele não se sentiu digno de ser crucificado como Jesus, em pé. Mesmo depois de receber o Espírito Santo e dedicar toda a sua vida ao Seu ministério, a vergonha que ele sentia por ter negado Jesus era tanta, que ele se voluntariou a ser crucificado de cabeça para baixo.

"Não Darás Falso testemunho Contra o Teu Próximo"

Das palavras que as pessoas falam diariamente, algumas são muito importantes, enquanto outras são insignificantes. Algumas palavras não significam nada, e outras são más, porque machucam ou enganam as pessoas.

Mentiras são palavras más, desviadas da verdade. Embora não admitam, muitas pessoas contam inúmeras mentiras todos os dias – tanto grandes como pequenas. Algumas dizem com orgulho: "Eu não minto", mas antes que se deem conta, estão falando uma montanha de mentiras.

Sujeira, imundície e desordem podem ficar escondidas no escuro. No entanto, quando a luz vem de verdade sobre um lugar, até o menor pontinho de pó ou de mancha pode ser detectado. Semelhantemente, Deus, que é a verdade em Si, é como a luz; e Ele vê muitas pessoas contanto mentiras o tempo todo.

É por isso que, no nono mandamento, Deus nos diz para não darmos falso testemunho contra o nosso próximo. Aqui, "próximo" significa pais, irmãos, irmãs, filhos – qualquer pessoa que não nós mesmos. Examinemos, pois, como Deus define "falso testemunho" em três partes.

Primeiro, "Dar Falso Testemunho" Significa Falar Sobre o Seu Próximo de Maneira Não Verdadeira

Podemos ver como dar falso testemunho pode ser algo terrível quando, por exemplo, observamos julgamentos no tribunal. Como o relato de uma única testemunha afeta diretamente o julgamento final, mínimos detalhes podem causar a infelicidade de um inocente e a situação pode se tornar questão de vida ou morte para ele.

A fim de prevenir o abuso do testemunho ou a prática de

falsos testemunhos, Deus ordenou que os juízes ouvissem diversas testemunhas, para que pudessem entender corretamente todos os aspectos de um caso e, assim, fazer julgamentos sábios e sensatos. É por isso que Ele ordenou aos que testemunhavam e julgavam para fazê-los com prudência e cuidado.

Em Deuteronômio 19:15, Deus disse: *"Uma só testemunha não é suficiente para condenar alguém de algum crime ou delito. Qualquer acusação precisa ser confirmada pelo depoimento de duas ou três testemunhas."* Ele continua nos versículo 16 e 19: *"Se uma testemunha falsa quiser acusar um homem de algum crime, o restante do povo saberá disso e terá medo, e nunca mais se fará uma coisa dessas entre você. Deem-lhe a punição que ele planejava para o seu irmão. Eliminem o mal do meio de vocês."*

Além dos casos sérios como esse em que a pessoa danifica grandemente a vida de outrem, existem muitos outros casos em que as pessoas contam mentirinhas aqui e ali sobre seus próximos todos os dias. Mesmo que alguém não minta envolvendo seu próximo, se a pessoa não revela a verdade de uma situação em que ela deveria fazê-lo, a fim de defender seu próximo, isso também é considerado como dar falso testemunho.

Se uma outra pessoa estivesse para ser condenada por algo que ela não fez e não falássemos nada por medo de nos metermos em problema, como poderemos ter a consciência limpa? Sim, Deus está nos ordenando para não mentirmos, mas também está dizendo para termos corações honestos, para que nossas palavras e ações reflitam integridade e verdade.

Então o que Deus acha de "mentirinhas para o bem" que contamos para confortar alguém ou fazer alguém se sentir melhor?

Por exemplo, podemos estar visitando um amigo e ele nos pergunta: "Você comeu?" e apesar de não termos comido nada, respondemos, "sim, comi" só para não o atrapalhar. Entretanto, nesse caso, deveríamos também dizer a verdade: "Não, não comi, mas não queria comer nada agora."

Existem exemplos de "mentirinhas para o bem" até mesmo na Bíblia.

Em Êxodo, capítulo 1, há uma ocasião em que o rei do Egito, irado porque os filhos de Israel tinham se multiplicado, dá uma ordem expressa às parteiras hebreias. Ele diz a elas: *"Quando vocês ajudarem as hebreias a dar à luz, verifiquem se é menino. Se for, matem-no; se for menina, deixem-na viver"* (v. 16).

Mas as parteiras hebreias que temiam a Deus não ouviram o rei do Egito e deixaram os bebês do sexo masculino vivos. Quando o rei as convocou e perguntou: "Por que fizeram tal coisa e deixaram os meninos viver?" Elas responderam: "porque as mulheres hebreias não são como as egípcias – são mais vigorosas e dão à luz antes de alguma parteira chegar."

Outra ocasião foi quando o primeiro rei de Israel, Saul, ficou com ciúmes de Davi e tentou matá-lo, porque ele era mais amado pelo povo do que o rei. Jônatas, filho de Saul, mentiu para o pai com o fim de salvar a vida de Davi.

Nesse caso em que as pessoas mentem com o único objetivo de fazer o bem ao outro, verdadeiramente bem intencionadas, e não por causa dos seus próprios motivos egoístas, Deus não as castiga automaticamente e diz: "Você mentiu." Assim como ele fez com as parteiras hebreias, Ele demonstrará graça para com essas pessoas, pois estão tentando salvar vidas com apenas boas intenções. Todavia, quando as pessoas alcançam o nível de completa bondade, elas conseguem tocar no coração do adversário ou da pessoa com quem estão lidando, sem ter de contar uma "mentirinha" sequer.

Segundo, Colocar ou Tirar Palavras Quando Passando Algo para Frente, É Outra Forma de Dar Falso Testemunho

Esse é o caso em que você passa algo que ouviu sobre alguém de uma forma que distorce a verdade – talvez porque você adicionou seus próprios pensamentos e sentimentos, ou omitiu certas palavras. Quando alguém lhe conta alguma coisa, a maioria das pessoas escuta com ouvidos subjetivos e, assim, a maneira como recebem a informação varia de acordo com suas emoções e experiências de vida. É por isso que quando uma mensagem é passada de pessoa para pessoa, no fim ela pode ser algo diferente do que seu emissor queria passar.

Mas mesmo se palavra por palavra – pontuação e tudo mais – são transmitidas precisamente, o significado final ainda poderá sofrer inevitáveis transformações, dependendo da entonação ou ênfase que a pessoa que a transmite dá às palavras. Por exemplo, há uma grande diferença entre alguém carinhosamente perguntando a seu amigo: "Por quê?" E alguém com uma expressão cruel, gritando para seu inimigo: "Por quê?!"

É por isso que sempre que ouvimos alguém, devemos tentar entender o que a pessoa está dizendo, sem deixar com que nossos sentimentos interfiram em sua mensagem. A mesma regra se aplica quando falamos aos outros. Devemos fazer de tudo para retransmitir a mensagem original, com o significado original pretendido por seu emissor.

Além do mais, se o conteúdo de uma mensagem não é verdadeiro ou não edifica o ouvinte, por mais que possamos retransmitir a mensagem, é melhor que não o façamos. Isso é porque, por mais que a passemos para frente com boas intenções, o receptor pode se ferir ou sentir ofendido; e se isso acontece, então podemos acabar criando discórdia entre as pessoas.

Mateus 12:36-37 diz: *"Mas eu lhes digo que, no dia do*

juízo, os homens haverão de dar conta de toda palavra inútil que tiverem falado. Pois por suas palavras vocês serão absolvidos, e por suas palavras serão condenados." Portanto, devemos nos abster de falar palavras que não são da verdade ou amor no Senhor. E isso também se aplica à maneira como devemos ouvir as coisas que nos contam.

Terceiro, Julgar e Criticar os Outros Sem Entender Seus Corações é Também Uma Forma de Dar Falso Testemunho Contra o Nosso Próximo

As pessoas frequentemente fazem julgamento do coração ou intenções de outras pessoas só de observar suas expressões ou ações, utilizando seus próprios pensamentos e sentimentos como guia. Elas podem dizer: "Tal pessoa provavelmente falou aquilo com isso e isso em mente", ou "Ele definitivamente tem tais e tais intenções ao agir daquela forma."

Suponha que um jovem em seus primeiros dias no trabalho não venha agindo com gentileza com seu supervisor por estar nervoso em seu novo ambiente. O supervisor pode pensar: "Esse novo colaborador parece desconfortável comigo." Isso é uma concepção errada formada pelo supervisor, baseada em suas próprias noções. Um outro caso poderia ser um jovem em seus primeiros dias de trabalho, agindo de forma gentil demais com seu supervisor por estar nervoso com o novo ambiente. O supervisor pode pensar: "Esse novo colaborador parece desconfortável comigo. Talvez porque lhe fiz algumas críticas outro dia." Isso também é uma concepção errada, formada pelo supervisor, baseada em suas próprias noções. Pode ocorrer também de alguém com problemas sérios de vista ou andando com o pensamento longe, passa pelo amigo sem perceber sua presença. O amigo pode pensar: "Ele age como se nunca me tivesse visto! Será que ele está chateado com alguma coisa?"

Outra pessoa nessa mesma situação (a última citada) poderia ainda ter outra reação. Cada pessoa tem diferentes pensamentos e sentimentos e, assim, cada uma reage diferentemente, quando em determinadas circunstâncias. Logo, levando em consideração que todos recebem a mesma tribulação, cada indivíduo a encara com um nível diferente de força para superá-la. É por isso que quando vemos alguém sofrendo, jamais devemos julgar a pessoa pelo nosso próprio padrão de tolerância à dor e pensar: "Por que tanto exagero diante de nada?" Não é fácil entender completamente o coração do outro – mesmo quando você o ama e tem uma profunda amizade com ele.

Há também várias outras formas de as pessoas julgarem mal ou não compreenderem as outras, se decepcionarem com elas e acabarem condenando-as... Tudo porque julgam as outras, segundo seus próprios padrões. Se, baseados em nossos próprios padrões, julgarmos outra pessoa achando que ela tem essa ou aquela intenção em seu coração, embora não tenha, falando coisas negativas sobre ela, estaremos dando falso testemunho contra ela.

E também se participamos desse tipo de coisa ao darmos ouvidos a esses tipos de inverdades e contribuindo para o julgamento e condenação de alguém, mais uma vez, estaremos cometendo o pecado de dar falso testemunho contra o nosso próximo.

A maioria das pessoas acha que se elas mesmas reagem a certa situação com maldade, então as outras na mesma situação farão a mesma coisa. Por terem um coração inconstante, elas acham que com os outros é igual. Ao verem alguma situação, maldosamente pensam: "Aposto que tal pessoa também está com maus pensamentos." Por elas mesmas se acharem melhores que as outras pessoas, elas pensam: "Aquela pessoa se acha melhor do que eu. Ela é cheia de si."

É por essa razão que Tiago 4:11 diz: *"Irmãos, não falem mal uns dos outros. Quem fala contra o seu irmão ou julga o seu irmão, fala contra a Lei e a julga. Quando você julga a Lei, não a está cumprindo, mas está se colocando como juiz."* Se alguém julga ou calunia um irmão, isso mostra que quem o faz é orgulhoso, e que, no final das contas, quer ser como Deus, o Juiz.

É importante sabermos que se falamos da fraqueza de outra pessoa e a julgamos, estamos cometendo um pecado bem pior. Mateus 7:1-5 diz: *"Não julguem, para que vocês não sejam julgados. Pois da mesma forma que julgarem, vocês serão julgados; e a medida que usarem, também será usada para medir vocês. Por que você repara no cisco que está no olho do seu irmão, e não se dá conta da viga que está em seu próprio*

*olho? Como você pode dizer ao seu irmão: 'Deixe-me tirar
o cisco do seu olho', quando há uma viga no seu? Hipócrita,
tire primeiro a viga do seu olho, e então você verá claramente
para tirar o cisco do olho do seu irmão."*

Mais uma coisa com que devemos ter cuidado é não julgarmos
a palavra de Deus, baseados em nossos próprios pensamentos. O
impossível para o homem é possível para Deus e, assim, quando
se diz respeito à palavra de Deus, jamais devemos dizer: "Está
errado."

Mentindo ao Entender ou ao Exagerar sobre a Verdade

Sem nenhuma má intenção, as pessoas tendem a exagerar
ou entender a verdade rotineiramente. Por exemplo, se alguém
comeu muito, podemos dizer: "Ele comeu a comida toda." E se
ainda sobrou um pouco de comida, podemos dizer: "Não sobrou
nem uma migalha!" Há até vezes em que mesmo vendo apenas
três ou quatro pessoas concordando em relação a algo, dizemos:
"Todo mundo está de acordo."

O que muitas pessoas não consideram mentira é, na verdade,
mentira. Há até casos em que falamos sobre uma situação,
cujos fatos não conhecemos muito bem e, consequentemente,
mentimos.

Por exemplo, digamos que alguém nos pergunte quantos funcionários trabalham para uma determinada empresa e nós respondemos: "São tantos", e depois contamos e percebemos que o número real é diferente. Embora não tenhamos mentido intencionalmente, o que dizemos continua sendo mentira, pois é diferente da verdade. Logo, nesse caso, uma maneira melhor de responder aquela pergunta seria: "Não sei o número exato, mas acho que são tantas pessoas."

Obviamente, nesses casos não estávamos tentando mentir intencionalmente com más motivações, ou julgando os outros com corações cheios de maldade. No entanto, se nos dermos conta da menor indicação desses tipos de pensamentos e ações, é uma boa ideia irmos à raiz do problema. A pessoa cujo coração está cheio de verdade não adicionará ou tirará nada da verdade, por menor que seja a informação.

Uma pessoa verdadeiramente honesta e verdadeira pode receber a verdade como verdade e retransmiti-la como verdade. Assim, por mais que algo seja muito pequeno e sem importância, se nos pegarmos falando sobre a coisa com o mínimo de inverdade, que saibamos que isso significa que o nosso coração não está completamente cheio da verdade ainda. E se o nosso coração ainda não está completamente cheio da verdade, isso quer dizer que se tivermos de enfrentar uma situação de vida ou morte, somos muito capazes de prejudicar outra pessoa mentindo a seu respeito.

Como escrito em 1 Pedro 4:11: *"Se alguém fala, faça-o como quem transmite a palavra de Deus,"* devemos tentar não mentir ou brincar usando palavras de inverdade. Independente do que dizemos, devemos sempre falar com verdade, como se estivéssemos falando as próprias palavras de Deus. E isso nós conseguimos fazer orando fervorosamente e recebendo a direção do Espírito Santo.

Capítulo 11
O Décimo Mandamento

—— ⧜⧜ ——

"Não Cobiçarás a Casa do Teu Próximo"

Êxodo 20:17

"Não cobiçarás a casa do teu próximo. Não cobiçarás a mulher do teu próximo, nem seus servos ou servas, nem seu boi ou jumento, nem coisa alguma que lhe pertença."

Você conhece a história do ganso que botava ovos de ouro, um dos famosos contos de Esopo Era uma vez, em uma pequena vila, vivia um agricultor que veio a ter um estranho ganso. Enquanto pensava o que iria fazer com ele, uma coisa muito chocante aconteceu.

O ganso começou a botar um ovo de ouro toda manhã. Então, um dia, o agricultor pensou: "Provavelmente tem um tanto de ovo de ouro dentro do ganso." O agricultor se encheu de egoísmo de uma hora para outra e queria ficar rico imediatamente, em vez de esperar um único ovo por dia.

Sua ganância cresceu tanto que ele abriu o ganso para acabar não achando sequer um cisco de ouro lá dentro. Naquele momento, ele percebeu que estava errado e se arrependeu do que havia feito, mas era tarde demais.

Como na história acima, a ganância de uma pessoa não tem limites. Não importa quantos rios fluam para o oceano, o oceano não pode transbordar. Assim é a ganância do homem. Não importa o tanto que uma pessoa possui, não há satisfação completa. Vemos isso todos os dias. Quando a ganância de alguém cresce demasiadamente, a pessoa não apenas se sente insatisfeita com o que tem, mas também fica invejosa e tenta ter aquilo que os outros têm, ainda que seja por meios incorretos. No fim, a pessoa acaba cometendo um grave pecado.

"Não Cobiçarás a Casa do Teu Próximo"

"Cobiçar" algo quer dizer querer algo que não pertence a você e então tentar possuir as coisas de alguém por meios inapropriados; ou ter um coração que deseja todas as coisas carnais do mundo.

A maioria dos crimes começa com um coração cheio de cobiça. A cobiça pode fazer com que as pessoas mintam, roubem, furtem, trapaceiem, fraudem, matem e cometam todos os outros crimes. Há também casos em que as pessoas não apenas cobiçam coisas materiais, mas também fama e posição.

Por causa de corações cheios de cobiça, às vezes, relações de irmãos de sangue, pai e filho, e até marido e mulher ficam hostis. Algumas famílias se tornam inimigas e, ao invés de terem vida feliz na verdade, as pessoas têm ciúmes e inveja das que têm mais do que elas.

É por isso que através do décimo mandamento, Deus nos adverte contra a cobiça, que dá lugar ao pecado. Além do mais, Deus quer que mantenhamos o pensamento nas coisas do alto (Colossenses 3:2). Só quando buscamos a vida eterna e enchemos nossos corações com esperança pelo céu é que conseguimos encontrar a verdadeira satisfação e felicidade. Só então conseguimos nos livrar da cobiça. Lucas 12:15 diz: *"Então lhes disse: 'Cuidado! Fiquem de sobreaviso contra todo tipo de ganância; a vida de um homem não consiste na quantidade dos seus bens.'''* Como Jesus disse, somente quando nos livramos da cobiça é que podemos ficar longe do pecado e, portanto, ter vida eterna.

O Processo de Como a Cobiça Vem a Ser Pecado

Então, como a cobiça se transforma numa ação pecaminosa? Digamos que você tenha visitado uma casa muito chique. Ela é toda feita de mármore e é absolutamente enorme, cheia de todos os tipos de coisas luxuosas. Isso é o suficiente para alguém dizer: "Essa casa é maravilhosa. É absolutamente linda!"

Mas muitas pessoas não param de fazer esse tipo de comentário. Elas continuam e pensam: "Queria ter uma casa como essa. Queria ser rico como essa pessoa..." É claro que crentes verdadeiros não deixam esse tipo de pensamento virar um pensamento de roubo. Contudo, com esse tipo de pensamento: "Queria ter tal coisa também", a ganância pode entrar em seus corações.

E se a ganância entra no coração, é só uma questão de tempo até a pessoa pecar. Tiago 1:15 diz: *"Então esse desejo, tendo concebido, dá à luz o pecado, e o pecado, após ter- se consumado, gera a morte."* Há alguns crentes que, vencidos por esse desejo ou ganância, acabam cometendo crimes.

Em Josué, capítulo 7, lemos sobre Acã, que é vencido por esse tipo de ganância e acaba morrendo como punição. Josué, como líder no lugar de Moisés, estava no processo de conquista da terra de Canaã. Os israelitas haviam acabado de sitiar Jericó e Josué alertou o povo, dizendo que tudo que viesse daquela cidade era consagrado a Deus e, assim, ninguém deveria por as mãos nas coisas de lá.

Entretanto, ao ver um pouco de ouro, prata e uma capa cara, Acã os cobiçou e, discretamente, apossou-se daquelas coisas. Como Josué não sabia daquilo, ele continuou indo para a próxima cidade a ser conquistada, a cidade de Ai. Como Ai era pequena, os israelitas acharam que a batalha seria facilmente ganha. Contudo, devido principalmente à sua incapacidade de ver as coisas, eles foram derrotados. Então, Deus disse a Josué que era por causa do pecado de Acã. Como resultado, não apenas Acã, mas toda a sua família – até seus animais – tiveram de morrer.

Em 2 Reis, capítulo 5, podemos ler sobre Geazi, servo de Eliseu, que também teve lepra por cobiçar as coisas que não deveria ter. Seguindo as instruções de Eliseu, o general Naamã se lavou sete vezes no Rio Jordão para ser limpo de sua lepra. Depois de ser curado, ele quis dar presentes a Eliseu, como demonstração de sua gratidão. Mas Eliseu recusou receber qualquer coisa.

Então, enquanto Naamã voltava para sua terra natal, Geazi foi atrás dele, agindo como se Eliseu o houvesse mandado e pediu algumas mercadorias. Ele as tomou e escondeu. Como se não bastasse, ele ainda voltou para Eliseu e tentou enganá-lo, embora Eliseu soubesse desde o princípio o que seu servo estava para fazer. Então, Geazi pegou a lepra que Naamã tinha.

Foi o mesmo com Ananias e Safira, em Atos, capítulo 5. Eles venderam parte de sua propriedade e prometeram oferecer a Deus o dinheiro que ganhassem com aquela venda. No entanto, ao ter o dinheiro em suas mãos, seus corações mudaram, e eles separaram uma parte da quantia para si e levaram o resto para os apóstolos. Cobiçando o dinheiro, eles tentaram enganar os apóstolos. Todavia, enganar os apóstolos é o mesmo que enganar o Espírito Santo e, assim, instantaneamente, suas almas os deixaram e ambos morreram na mesma hora.

Corações Cobiçosos Levam à Morte

A cobiça é um grande pecado e pode acabar levando à morte. Logo, é vital que nos livremos de toda cobiça dos nossos corações, assim como também das tentações e da ganância que nos fazem querer as coisas carnais deste mundo. Que bem há se você ganhar tudo o que quiser no mundo, mas perder a sua vida?

Pelo contrário, embora você possa não ter todas as riquezas desse mundo, se crer no Senhor e tiver a verdadeira vida, aí sim você será verdadeiramente rico. Como aprendemos com a parábola do homem rico e Lázaro, o mendigo, em Lucas, capítulo 16, a verdadeira bênção é receber a salvação depois de nos livrarmos de um coração cobiçoso.

O homem rico que não tinha fé em Deus nem esperança pelo céu tinha uma vida esplêndida – vestia roupas finas, satisfazia sua cobiça mundana e tinha prazer com comilanças e bebedeiras. Lázaro, por sua vez, era um pobre que mendigava perto da porta do homem rico. Sua vida era muito humilde, e até os cachorros vinham lamber as feridas do seu corpo. No entanto, no centro do seu coração, ele louvava a Deus e sempre tivera esperança pelo céu.

No fim, o homem rico e Lázaro morreram. O mendigo Lázaro foi levado por anjos para o lado de Abraão, enquanto o homem rico foi para a Sepultura, onde estava em tormento. Com muita sede, devido à agonia das chamas, ele queria uma gota d'água que fosse, mas nem isso podia receber.

Suponha que o homem rico recebesse uma segunda chance para viver aqui na terra. Ele provavelmente escolheria a vida eterna no céu, ainda que tivesse de ser pobre aqui. E para alguém que tem uma vida tão necessitada como a de Lázaro aqui, se a pessoa aprender como temer a Deus e viver em Sua luz, ela também poderá receber bênçãos de riqueza material, enquanto vive na terra.

Depois que sua esposa Sara morreu, Abraão, o pai da fé, queria comprar a caverna de Macpela para sepultá-la. O proprietário da caverna lhe falou que poderia ficar com ela sem pagar, mas

Abraão recusou e pagou o preço integral por ela. Ele fez aquilo porque não tinha nenhum traço de cobiça em seu coração. Se a caverna não fosse dele, ele sequer pensaria em possuí-la (Gênesis 23:9-19). Abraão amava a Deus e obedecia à Sua palavra; vivendo uma vida de honestidade e integridade. É por isso que durante a sua vida aqui na terra, Abraão recebeu não apenas bênçãos de riqueza material, mas também bênçãos de vida longa, fama, poder, descendentes, dentre outras. Ele recebeu até a bênção espiritual de ser chamado 'amigo de Deus.'

Bênçãos Espirituais Superam Todas as Bênçãos Materiais

Às vezes as pessoas curiosamente perguntam: "Tal pessoa parece ser um bom crente. Como pode então parecer que ela não está sendo muito abençoada?" Se tal pessoa fosse uma verdadeira seguidora de Cristo, vivendo dia após dia com uma fé verdadeira, veríamos Deus abençoando-a com as melhores coisas.

Como está escrito em 3 João 1:2: *"Amado, oro, para que você tenha boa saúde e tudo lhe corra bem, assim como vai bem a sua alma."* Deus nos abençoa para que a nossa alma vá bem, antes de qualquer outra coisa. Se vivermos como filhos santos de Deus, despojando-nos de toda maldade dos nossos corações e obedecendo aos Seus mandamentos, Ele certamente nos abençoará, para que tudo corra bem conosco, inclusive a nossa saúde. Mas se alguém – cuja alma parece não ser próspera – parece estar recebendo muitas bênçãos materiais, não podemos dizer que são de Deus. Nesse caso, as riquezas da pessoa podem, na verdade, fazer com que ela se torne gananciosa. Sua ganância dará lugar ao pecado e, assim, ela poderá eventualmente ficar longe de Deus.

Quando as coisas estão difíceis, as pessoas podem depender de Deus com um coração limpo e servi-Lo diligentemente com amor. Todavia, muito frequentemente, após receber bênçãos materiais em seus negócios ou locais de trabalho, seus corações começam a desejar mais as coisas do mundo e elas começam a dar desculpas de que estão ocupadas demais, acabando, por fim, se distanciando de Deus. Quando seus lucros ou salários estão baixos, elas tendem a dar o dízimo de todo o coração, com ações de graça, mas quando a renda aumenta e seus dízimos também precisam aumentar, seus corações hesitam facilmente. Se nossos corações mudam dessa forma, e nos distanciamos da palavra de Deus ficando, no final das contas, como as pessoas do mundo secular, as bênçãos que recebemos podem ter sido, na verdade, nossa infelicidade.

No entanto, aqueles, cuja alma é próspera, não cobiçarão as coisas do mundo e, quando recebem honra e prosperidade de Deus, não ficam gananciosos por mais. Eles não murmuram ou reclamam só porque não têm coisas boas desse mundo, pois querem oferecer tudo que têm – até mesmo suas vidas – a Deus.

Pessoas cujas almas estão bem, guardam sua fé e servem a Deus, independente das circunstâncias, usando as bênçãos que recebem Dele somente para o Seu reino e glória. E como pessoas com almas prósperas não têm a menor tendência de buscar prazeres mundanos ou andar em direção à morte, Deus as abençoa abundantemente.

É por isso que bênçãos espirituais são muito mais importantes que bênçãos físicas desse mundo, que desaparecem como a neblina. Sendo assim, acima de qualquer outra coisa, devemos receber bênçãos espirituais primeiro.

Jamais Devemos Buscar As Bênçãos de Deus para Satisfazer Desejos Mundanos

Mesmo que não tenhamos ainda recebido a bênção de a nossa alma ser próspera, se continuarmos caminhando no caminho da justiça e buscarmos a Deus com fé, Ele nos encherá no tempo certo. As pessoas oram esperando que as coisas aconteçam na mesma hora; mas há tempo para todas as coisas debaixo dos céus, e Deus sabe qual é o melhor momento. Às vezes, Deus nos faz esperar para que recebamos bênçãos ainda maiores.

Se estivermos pedindo algo a Deus com uma fé verdadeira, receberemos poder para orar continuamente, até que recebamos uma resposta. Porém, se estivermos pedindo algo a Deus, motivados por desejos carnais, não importa o quanto orarmos, não receberemos fé para crermos verdadeiramente, e não receberemos nenhuma resposta Dele.

Tiago 4:2-3 diz: *"Vocês cobiçam coisas, e não as têm; matam e invejam, mas não conseguem obter o que desejam. Vocês vivem a lutar e a fazer guerras. Não têm, porque não pedem. Quando pedem, não recebem, pois pedem por motivos errados, para gastar em seus prazeres."* Deus não pode nos responder quando pedimos algo para satisfazer nossos desejos mundanos. Se um jovem estudante pede dinheiro a seus pais para comprar coisas que não deveria comprar, seus pais não deveriam dar-lhe o dinheiro.

É essa a razão pela qual não devemos orar e buscar as coisas com nossos próprios pensamentos, mas com o poder do Espírito Santo, buscar as coisas alinhadas à vontade de Deus (Judas 1:20). O Espírito Santo conhece o coração de Deus, e Ele pode entender as profundas coisas do Pai. Portanto, se você depender da direção do Espírito Santo na sua oração, poderá receber a resposta de Deus rapidamente para toda oração que fizer.

Então, como dependemos da direção do Espírito Santo e oramos segundo a vontade de Deus?

Primeiro, precisamos nos armar com a palavra de Deus e aplicá-la em nossas vidas, para que nossos corações sejam como o de Cristo Jesus. Se tivermos um coração como o de Cristo, naturalmente oraremos segundo a vontade de Deus e poderemos receber respostas às nossas orações rapidamente. Isso é porque o Espírito Santo, que conhece o coração de Deus, examinará o nosso coração, de modo que peçamos as coisas de que verdadeiramente precisamos.

Assim como Mateus 6:33 diz: *"Busquem, pois, em primeiro lugar o Reino de Deus e a sua justiça, e todas essas coisas lhes serão acrescentadas"*, busque primeiro a Deus e Seu reino, e depois peça aquilo de que precisa. Se você orar buscando a vontade de Deus primeiro, verá Deus derramando Suas bênçãos sobre a sua vida, para que a sua taça transborde com tudo que precisa nessa terra e muito mais.

É por isso que devemos oferecer orações verdadeiras e de todo o coração para Deus. Quando você acumula poderosas orações diárias com a direção do Espírito Santo, qualquer cobiça ou natureza pecaminosa é despojada de seu coração para o bem, e você recebe tudo o que pede.

O apóstolo Paulo era um cidadão do Império Romano e estudou com Gamaliel, o melhor e mais bem conhecido erudito de sua época. Todavia, Paulo não estava interessado nas coisas desse mundo. Por amor a Cristo, ele considerava tudo como lixo. Como Paulo, as coisas de que mais definitivamente precisamos e desejamos são os ensinamentos de Jesus Cristo, as palavras da verdade.

Se ganharmos toda a riqueza, honra, poder, etc... do mundo e não tivermos a vida eterna, que bem haverá em tais coisas? Mas, se como o apóstolo Paulo, abandonarmos todas as riquezas desse mundo e vivermos uma vida de acordo com a vontade de Deus, então Ele certamente nos abençoará, para que a nossa alma prospere. Então seremos chamados "grandes" no céu, e seremos bem sucedidos em todas as áreas das nossas vidas na terra também.

Assim, eu oro, para que você possa se despojar de toda ganância e cobiça de sua vida e coração, enquanto busca diligentemente satisfação com o que você já tem, mantendo esperança pelo céu. Então sei que você terá sempre uma vida transbordante de alegria e ações de graça.

Capítulo 12

A Lei de Submeter-se a Deus

Provérbios 8:17

"Amo os que me amam, e quem me procura me encontra."

Em Mateus, capítulo 22, há uma ocasião em que um dos fariseus pergunta a Jesus qual é o maior mandamento da lei.

Jesus responde: *"Respondeu Jesus: 'Ame o Senhor, o seu Deus de todo o seu coração, de toda a sua alma e de todo o seu entendimento.' Este é o primeiro e maior mandamento. E o segundo é semelhante a ele: 'Ame o seu próximo como a si mesmo.' Destes dois mandamentos dependem toda a Lei e os Profetas"* (Mateus 22:37-40).

Isso significa que, se amarmos a Deus com todo o nosso coração, alma e entendimento, e amarmos ao nosso próximo como a nós mesmos, podemos facilmente obedecer a todos os outros mandamentos também.

Se verdadeiramente amarmos a Deus, como poderemos cometer pecados, que é algo que Ele detesta? E se amarmos o nosso próximo como a nós mesmos, como poderemos agir com maldade contra ele?

Por que Deus Nos Deu Seus Mandamentos

Então, por que Deus complicou as coisas, dando-nos cada um dos Dez Mandamentos, ao invés de simplesmente nos dizer: "Ame a Deus e a seu próximo como a você mesmo"?

É porque nos tempos do Velho Testamento, antes da era do Espírito Santo, era difícil para as pessoas realmente amarem de todo o coração, como fruto de sua própria vontade. Assim, por meio dos Dez Mandamentos, que assegurariam que os israelitas Lhe obedeceriam, Deus os levou a amá-Lo e temê-Lo, assim como também a amar aos seus próximos com ações.

Até agora examinamos cada mandamento separadamente, mas agora olharemos para eles como dois grandes grupos: amor a Deus e amor ao próximo.

Os mandamentos de 1 a 4 podem ser resumidos como: "Ame ao Senhor seu Deus de todo o seu coração, de toda a sua alma e de todo o seu entendimento." Servir apenas ao Deus Criador, não fazer falsos ídolos ou adorá-los, ter cuidado para não usar o nome de Deus em vão e guardar o Sábado são formas de amar a Deus.

Os mandamentos de 5 a 10 podem ser resumidos como: "Ame o seu próximo como a si mesmo." Honrar pai e mãe, não matar, não roubar, não dar falso testemunho, não cobiçar, etc... são maneiras de evitar más ações contra os outros, ou os nossos próximos. Se amarmos o nosso próximo como a nós mesmos, não desejaremos seu sofrimento. Assim, devemos ser capazes de obedecer a esses mandamentos.

Devemos Amar a Deus do Centro dos Nossos Corações

Deus não nos força a obedecer aos Seus mandamentos. Nosso amor por Ele é que nos leva à obediência deles.

Está escrito em Romanos, 5:8: *"Mas Deus demonstra seu amor por nós: Cristo morreu em nosso favor, quando ainda éramos pecadores."* Deus demonstrou Seu grande amor por nós primeiro.

É difícil achar alguém disposto a morrer no lugar de uma pessoa boa e justa, ou até mesmo um grande amigo; mas Deus enviou o Seu único Filho, Jesus Cristo, para morrer no lugar dos pecadores, a fim de libertá-los da maldição sob a qual estavam segundo a Lei. Assim Deus demonstrou um amor que supera a justiça.

E como escrito em Romanos, 5:5: *"E pela esperança não nos decepciona, porque Deus derramou seu amor em nossos corações, por meio do Espírito Santo que ele nos concedeu",* Deus dá o Espírito Santo como um dom a todos os Seus filhos que aceitam a Jesus Cristo, para que possam entender completamente o Seu amor.

É por isso que aqueles que são salvos pela fé e batizados na água e no Espírito conseguem amar a Deus não apenas com seu entendimento, mas também verdadeiramente, do centro dos seus corações, permitindo que obedeçamos aos Seus mandamentos por verdadeiro amor a Ele.

A Vontade Original de Deus

Originalmente, Deus criou as pessoas porque Ele queria ter filhos verdadeiros a quem pudesse amar e por quem podia ser amado espontaneamente. Mas se alguém obedece a todos os mandamentos de Deus, mas não O ama, como poderemos dizer que essa pessoa é um verdadeiro filho Dele?

A mão contratada que trabalha por um salário não pode herdar os negócios do patrão, mas o filho do patrão, que é totalmente diferente da mão contratada, pode. Semelhantemente, aqueles que obedecem aos mandamentos de Deus podem receber todas as bênçãos que lhes são prometidas, mas se eles não entenderem o Seu amor, não podem verdadeiramente ser Seus filhos.

Portanto, aquele que entende o amor de Deus e obedece aos Seus mandamentos herda o céu e pode viver em sua melhor parte como verdadeiro filho de Deus. Vivendo ao lado do Pai, essa pessoa pode viver em glória, com brilho como o do sol, por toda a eternidade.

Deus quer que todas as pessoas que receberam a salvação através do sangue de Jesus Cristo e O amam do centro de seus corações vivam com Ele na Nova Jerusalém, onde está o Seu trono, e compartilhem do Seu amor por toda a eternidade. É essa a razão pela qual Jesus disse em Mateus 5:17: *"Não pensem que vim abolir a Lei ou os Profetas; não vim abolir, mas cumprir."*

A Prova do Tanto Que Amamos a Deus

Assim, só depois de entender a verdadeira razão pela qual Deus nos deu Seus mandamentos é que podemos cumprir a Lei, pelo amor que temos por Ele. Por termos os mandamentos, ou as leis, podemos fisicamente demonstrar 'amor', que é um conceito abstrato difícil de ver com olhos físicos.

Se a pessoa disser: "Deus, eu Te amo com todo o meu coração, então, por favor, me abençoe", como poderá o Deus de justiça validar sua frase, se não houver padrão a ser utilizado para examiná-la antes de abençoá-la? Uma vez que temos um padrão, os mandamentos ou a Lei, podemos ver se verdadeiramente as pessoas amam a Deus com todo o seu coração. Se com seus lábios dizem que amam a Deus, mas não guardam o Sábado como Deus nos ordena, então podemos ver que elas não O amam de verdade.

Assim, os mandamentos de Deus são um padrão com base no qual podemos checar, ou ver como prova, o tanto que amamos a Deus.

É por isso que 1 João 5:3 diz: *"Porque nisto consiste o amor a Deus: em obedecer aos seus mandamentos. E os seus mandamentos não são pesados."*

Amo Os Que Me Amam

As bênçãos que recebemos de Deus como resultado de obediência aos Seus mandamentos não desaparecem ou apagam.

Por exemplo, o que aconteceu com Daniel, que agradou a Deus com sua fé verdadeira e nunca cedeu ao mundo?

Daniel era originalmente da tribo de Judá e descendente da família dos reis. Mas quando a Judá do Sul pecou contra Deus, o Nabucodonosor da Babilônia invadiu pela primeira vez a nação em 605 a. C. Naquela época, Daniel, muito jovem, foi levado cativo para a Babilônia.

De acordo com a política de aculturação do rei, Daniel e vários outros moços cativos foram escolhidos para viver no palácio de Nabucodonosor e receberam um treinamento durante três anos.

Durante aquele período, Daniel pediu para não comer da porção diária da comida e vinho do rei, temendo se contaminar com alimentos que Deus o proibira comer. Como cativo, ele não tinha o direito de rejeitar a comida enviada a ele pelo rei, mas

Daniel queria fazer o que preciso fosse para manter sua fé pura diante de Deus.

Ao ver o coração sincero de Daniel, Deus moveu o coração do chefe dos oficiais da corte do rei, para que Daniel não precisasse comer a comida e bebida do rei.

Com o tempo, Daniel, que obedecia a todos os mandamentos de Deus, veio a ter a posição de primeiro ministro da nação gentia, Babilônia. Como ele tinha uma fé inabalável que o fazia não ceder ao mundo, Deus agradava dele. Assim, mesmo com as mudanças das nações e reis, Daniel permanecia excelente em todos os seus caminhos e continuava recebendo o amor de Deus.

Aqueles que Me Buscam Me Encontram

Ainda podemos ver esse tipo de bênção hoje. Podemos ver que Deus abençoa abundantemente todo aquele que tem fé como Daniel, que não cede ao mundo e obedece aos mandamentos Dele com alegria.

Aproximadamente 10 anos atrás, um dos nossos anciãos trabalhava para uma das maiores empresas de finanças da nação. Para seduzir a clientela, a empresa realizava nos fins de semana coquetéis frequentes e jogos de golfe com seus clientes, que eram um luxo. Naquele tempo, nosso ancião era diácono, e depois de receber essa posição e entender verdadeiramente o amor de Deus, apesar das práticas mundanas da empresa, ele nunca bebeu com seus clientes e nunca deixou de adorar a Deus aos domingos. Um dia o CEO de sua empresa lhe disse: "Escolha entre nós ou sua igreja." Sendo firme de natureza, ele nem pensou duas vezes antes de responder: "Essa empresa é importante para mim, mas se me pedir para escolher entre ela e minha igreja, escolherei minha igreja."

Miraculosamente, Deus moveu o coração do CEO e ele teve ainda mais confiança no ancião, que, por sua vez, acabou sendo promovido. E aquilo não era tudo. Pouco tempo depois, seguindo uma série de promoções, ele veio a ser o próprio CEO da empresa!

Assim, quando amamos a Deus e tentamos obedecer aos Seus mandamentos, Ele nos levanta para sermos excelentes no que quer que fizermos e nos abençoa em todas as áreas da nossa vida.

Diferente das leis criadas pela sociedade, Deus prometeu palavras que não mudam com o passar do tempo. Não importa a era em que vivemos ou quem somos; se simplesmente nos submetermos e vivermos de acordo com aquilo que Deus diz, poderemos receber as bênçãos por Ele prometidas.

A Lei de Submeter-se a Deus

Assim sendo, os Dez Mandamentos, ou a Lei que Deus deu a Moisés, nos ensinam o padrão pelo qual podemos receber o amor e as bênçãos de Deus.

Como está escrito em Provérbios 8:17: *"Amo os que me amam, e quem me procura me encontra"*, podemos receber o amor e as bênçãos de Deus, na proporção em que obedecemos às Suas leis.

Jesus disse em João 14:21: *"Quem tem os meus mandamentos e lhes obedece, esse é o que me ama. Aquele que me ama será amado por meu Pai, e eu também o amarei e me revelarei a ele."*

As leis de Deus parecem pesadas ou o forçam a fazer algo. Contudo, se verdadeiramente amarmos a Deus do centro dos nossos corações, conseguiremos obedecer à sua lei. E se nos chamarmos filhos de Deus, deveremos naturalmente obedecer a elas também.

Essa é a forma de recebermos o amor de Deus, de estar com Ele, encontrar com Ele e receber respostas Dele às nossas orações. E o mais importante: Suas leis nos mantêm longe do pecado e nos fazem ir em direção ao caminho da salvação – então que bênção é a Sua Lei!

Os patriarcas da fé como Abraão, Daniel e José, por terem obedecido fielmente à Lei de Deus, receberam bênçãos de ser levantados sobre nações. Eles foram abençoados em sua entrada e saída. Não apenas desfrutaram de bênçãos assim em todas as áreas de suas vidas, mas também no céu, receberam a bênção de ter glória tão cheia de brilho como o sol.

Oro, em nome do Senhor, para que você incline continuamente seus ouvidos à palavra de Deus e tenha prazer na Lei do SENHOR, meditando nela dia e noite, e, portanto, submetendo-se completamente a ela.

"Vê como amo os teus preceitos!
Dá-me vida, SENHOR, conforme o teu amor leal.
Os que amam a tua lei desfrutam paz,
e nada há que os faça tropeçar.
Aguardo a tua salvação, SENHOR,
e pratico os teus mandamentos
A minha língua cantará a tua palavra,
pois todos os teus mandamentos são justos"
(Salmo 119:159, 165, 166, 172).

O Autor:
Dr. Jaerock Lee

Dr. Jaerock Lee nasceu em Muan, Província Jeolla Sul, República da Coréia do Sul, em 1943. Aos vinte anos, Dr. Lee sofria de várias doenças incuráveis. Por sete anos seguidos esperou a morte sem esperança de recuperação. Um dia, durante a primavera de 1974, foi levado por sua irmã a uma Igreja e, quando se ajoelhou para orar, o Deus vivo imediatamente o curou de todas as enfermidades.

No momento em que Dr. Lee conheceu o Deus vivo através daquela incrível experiência, ele amou a Deus com todo o seu coração e sinceridade e, em 1978, foi chamado para ser servo de Deus. Ele orava tão fervorosamente que podia entender claramente a vontade de Deus e cumpri-la totalmente. Ele obedeceu à Palavra de Deus. Em 1982, fundou a Igreja Manmin Joong-ang, em Seul, Coréia do Sul. Inúmeras obras, incluindo curas milagrosas e maravilhas, tomaram lugar naquela Igreja.

Em 1986, Dr. Lee foi consagrado pastor na Assembléia Anual da Igreja Sungkyul e, quatro anos depois, em 1990, seus sermões foram transmitidos para Austrália, Estados Unidos, Rússia, Filipinas e muitos outros locais ao longo da Companhia de Transmissão do Extremo Oriente, a Estação de Transmissão Asiática e o Sistema de Rádio Cristão de Washington.

Três anos depois, em 1993, a Igreja Central Manmin Joong-ang foi escolhida uma das "Cinqüenta maiores Igrejas do Mundo" pela revista *Christian World* e o Dr. Lee recebeu o Doutorado Honorário em Divindade pela Escola da Fé Cristã, na Flórida, Estados Unidos. Em 1996, tornou-se P.H.D em Ministério pelo Seminário Teológico de Kingsway, em Iowa, nos Estados Unidos.

Desde 1993 Dr. Lee tem liderado a evangelização mundial através de muitas cruzadas internacionais na Tanzânia, Argentina, Los Angeles, Baltimore City, Havaí, Nova Iorque, Uganda, Japão, Paquistão, Quênia, Filipinas, Honduras, Índia, Rússia, Alemanha, Peru, República Democrática do Congo, Israel, e Estônia.

Em 2002, foi chamado de "pastor internacional" pelos maiores jornais cristãos da Coréia, por seu trabalho nessas cruzadas. Em especial, sua

'Cruzada de Nova Iorque 2006' realizada na Madison Square Garden, arena mais famosa do mundo, foi transmitida a 220 nações; e em sua 'Cruzada Unida de Israel 2009' realizada no Centro Internacional de Convenções em Jerusalém, ele proclamou corajosamente que Jesus Cristo é o Messias e o Salvador. Seu sermão é transmitido a 176 nações via satélites incluindo a GCN TV, e ele foi listado como um dos 10 Líderes Cristãos Mais Influentes de 2009 e 2010 pela popular revista russa *In Victory* e pelo *Christian Telegraph* por seu poderoso ministério de transmissão televisiva e de pastoreamento internacional.

Conforme dados de setembro de 2013, a Igreja Central Manmin tem uma congregação de mais de 120.000 membros. São 10,000 congregações e 54 congregações domésticas espalhadas pelo país e pelo mundo. Até hoje, mais de 129 missionários já foram enviados a 23 países, incluindo os Estados Unidos, Rússia, Alemanha, Canadá, Japão, China, França, Índia, Quênia e muitos outros.

Até hoje, Dr. Lee já escreveu 88 livros, incluindo os Best Sellers *Experimentando a Vida Eterna antes da Morte; Minha Fé Minha Vida I & II; A Mensagem da Cruz; A Medida da Fé; Céu I & II; Inferno* e *O Poder de Deus.* Suas obras foram traduzidas para mais de 75 línguas.

Suas colunas cristãs estão nos jornais *The Hankook Ilbo, The JoongAng Daily, The Dong-A Ilbo, The Munhwa Ilbo, The Seoul Shinmun, The Kyunghyang Shinmun, The Korea Economic Daily, The Korea Herald, The Shisa News,* e *The Christian Press.*

O Dr. Lee é atualmente líder de várias organizações missionárias e associações: diretor na The United Holiness Church of Jesus Christ, o Jornal de Evangelização da Nação, Presidente na Missão Mundial de Manmin, Presidente Vitalício da Assosição Missão Mundial de Avivamento do Cristianismo; Presidente e Fundador da Rede Global Cristã (GCN), Fundador e Membro da Diretoria da Rede Mundial de Médicos Cristãos (WCDN); e Fundador e Membro da Diretoria do Seminário Internacional de Manmin (MIS).

Céu I & II

Um esboço detalhado dos ambientes maravilhosos que os cidadãos do céu desfrutam e a linda descrição dos diferentes níveis dos reinos dos céus.

A Mensagem da Cruz

Uma poderosa mensagem para despertar todas as pessoas que estão dormindo espiritualmente. Nesse livro podemos ver porque Jesus é o único Salvador e encontrar o verdadeiro amor de Deus.

Inferno

Uma mensagem profunda de Deus, que não deseja que nem uma alma sequer vá para as proofundezas do inferno, a toda a humanidade! Você descobrirá coisas nunca antes reveladas sobre a cruel realidade do Ades e do Inferno.

Minha Fé Minha Vida I & II

A autobiografia do Dr. Jaerock Lee exala o mais fragrante aroma espiritual para seus leitores através de sua vida extraída do amor de Deus florescido em meio a ondas fortes, um jugo pesado, e profundo desespero.

A Medida da Fé

Que tipo de lar celestial, coroa e recompensa estão preparados para você no céu? Esse livro fornece, com sabedoria, meios para você medir sua fé e cultivá-la de modo a torná-la melhor e mais madura.